柔道战略

新兴公司战胜行业霸主的秘诀

[美]大卫·B.尤费　[美]玛丽·夸克 著
付宁 译

U0854480

中信出版集团 | 北京

图书在版编目（CIP）数据

柔道战略：新兴公司战胜行业霸主的秘诀 / (美)大卫·B.尤费, (美) 玛丽·夸克著；付宁译. -- 2版. -- 北京：中信出版社, 2021.3

书名原文: JUDO STRATEGY:Turning Your Competitors' Strength to Your Advantage

ISBN 978-7-5217-2341-0

Ⅰ.①柔… Ⅱ.①大… ②玛… ③付… Ⅲ.①企业竞争—竞争战略—研究 Ⅳ.①F271.3

中国版本图书馆CIP数据核字（2021）第001101号

柔道战略——新兴公司战胜行业霸主的秘诀

著　　者：[美]大卫·B.尤费　[美]玛丽·夸克
译　　者：付　宁
出版发行：中信出版集团股份有限公司
（北京市朝阳区惠新东街甲4号富盛大厦2座　邮编　100029）
承 印 者：中国电影出版社印刷厂

开　　本：880mm×1230mm　1/32　　印　　张：10.25　　字　　数：202千字
版　　次：2021年3月第2版　　印　　次：2021年3月第1次印刷
京权图字：01-2014-6932
书　　号：ISBN 978-7-5217-2341-0
定　　价：52.00元

以弱胜强

2000 年 9 月，俄罗斯总统弗拉基米尔·普京——柔道黑带高手，在东京道馆被一位 10 岁女孩摔倒在地。

谨以此书献给我的家人，
感谢他们的耐心和支持。

目　录

第 3 章　平衡原则

第 4 章　杠杆借力原则

第二部分 柔道战略家

第 5 章　杰夫·霍金斯和唐娜·杜宾斯基

第 6 章　罗布·格拉泽

第 7 章　哈尔西·米纳和谢尔比·邦尼

第三部分　回应柔道战略

第 8 章　如何战胜柔道大师

第 9 章　柔道战略应用指南

推荐序

柔道战略：弱小企业应对强大对手的取胜之道

宫玉振*

谷歌联合创始人拉里·佩奇曾经说过：那些最令人惊叹的商业理念，通常来自商界之外的人。用这句话来形容柔道战略，大概是再恰当不过的了。柔道本来是一项竞技体育活动，而哈佛商学院的教授大卫·尤费却和他的合作者一起，将柔道的取胜之道引入商业竞争，并提出了一整套帮助弱小企业打败强大对手的"柔道战略"。

几乎所有的弱小企业尤其是创业企业都面临着一个严峻的问题：市场往往控制在大企业手中，而大企业在规模、技术、资金、人才、品牌、渠道、客户和管理等各方面都具有天然的优势。一句话，在纯粹的实力较量中，弱小企业往往都注定处

---

* 宫玉振，军事学博士，北京大学国家发展研究院管理学教授、BiMBA 商学院副院长兼 EMBA 学术主任，著有《善战者说》(中信出版社 2020 年出版)等。

于绝对的劣势地位。在这种情况下，弱小企业如何在与大企业的竞争中争取到生存与发展机会，乃至打败强大的对手，换言之，如何以弱胜强，便成为弱小企业制定竞争战略的最大挑战。

长期研究竞争战略的尤费教授和他的合作者，从源于日本的柔道比赛中得到了启发。柔道比赛最突出的特点，是选手不是靠块头和力量取胜，而是靠巧妙的战略运用，借助对手的力量和体能来打败对手。在柔道比赛中，只要战略运用得当，甚至一个孩子都可以借力打力，击败成人。柔道强调的是以巧取胜，强调的是战略的较量，而不是力量的对抗。柔道本质上就是小能搏大、弱能胜强的艺术。提炼出柔道背后所蕴含的取胜哲学，并将其运用于弱小企业的竞争战略制定上，无疑可以为弱小企业找到一条应对强大对手的取胜思路。因而《柔道战略》一问世便被很多弱小企业尤其是创业企业奉为战胜强大对手、制定竞争战略的经典。

《柔道战略》一书的主体内容

在对柔道比赛进行深入观察和研究的基础上，本书的作者识别出了在柔道比赛中获胜的三个关键原则：一是使用移动的办法破坏对手的平衡，打乱对手的脚步；二是在攻击时要保持自己的平衡；三是利用杠杆加强自己的力量。本书作者因此提出了柔道战略的三个竞争原则，这就是“移动”、“平衡”和“杠杆借力”。本书的内容，就是围绕这三个原则展开的。

柔道战略的第一个原则是移动。

当柔道比赛开始的时候，运动员往往会利用不断的移动，来占据可以施展技术的位置，同时阻止对手达到同样的目的。

在商业世界里，在与强大对手的竞争中，弱小企业最大的风险是：弱者一旦从一开始就被强者锁定，就会陷入力量对抗的困境之中，进而导致失败。本书作者认为，弱小企业此时应该灵活地采取柔道中的移动原则，在避开强大对手的攻击的同时，找到有利于自己发展的空间，并快速成长。作者进而提炼出了三种移动的有效战术：“不要引发攻击”“划定竞争空间”“追求快速发展”。具体来说，就是通过移动到不同的领域，来避免或延迟竞争对手的攻击，进而寻求可以发挥自身优势的市场机会，并全力以赴，迅速发展，在最短的时间里建立起自己的先行者优势。

在作者看来，第一资本银行（Capital One）之所以成为美国排名前十的信用卡发行商之一，就是因为巧妙地运用了柔道战略中的移动原则，避开了强大对手的攻击并得以迅速成长。财捷集团（Intuit）和瞻博网络（Juniper Networks）也成功地运用了移动原则，占据了市场并发展壮大。

移动可以帮助弱小企业在不招惹对手的情况下迅速建立自

身优势，但随着企业的成长，强大的对手早晚会察觉到威胁，打压和竞争就不可避免。弱小企业如何在对手的攻击中生存下来就成为关键。这时候就要运用柔道战略中的第二条原则，即平衡。

在柔道比赛中，当强大对手发起攻击的时候，运动员不是跟对手针锋相对，而是抓住对手，顺着与对方相同的方向施力。具体来说，就是对手拉我的时候我顺势推，对手推我的时候我顺势拉。通过这种方式，就可以巧妙地卸掉对手的攻击力道，让对手的实力无法发挥，并在保持自身平衡的同时，发起对对手的反击。

《柔道战略》认为，在强大对手的攻势面前，弱小企业同样要采取平衡原则，来削弱对手的进攻，并且保持自己的攻势。为此《柔道战略》总结出了三种有效的平衡战术："抓住对手""避免针锋相对""推拉制衡"。

关于平衡战术，本书举了一个非常精彩的例子：当强大的宝洁公司要把名不见经传的Drypers公司赶出一次性尿布市场时，Drypers公司就是运用这种技巧挫败了宝洁发起的进攻。宝洁公司向得克萨斯州的消费者发放大量的优惠券，Drypers公司仅凭自己的实力，是无法抵挡宝洁公司的攻势的。于是Drypers公司宣布接受宝洁的优惠券，也就是说宝洁的赠券同样可以换取Drypers的产品。结果是，宝洁公司发出的优惠券越多，Drypers

公司卖出的一次性尿布就越多。

在柔道比赛中，通过移动和平衡，可以巧妙地与对手周旋，可以化解实力强大对手的攻势。但是，移动和平衡最多让你不败。要想进而击倒对手、赢得胜利，你还要利用第三条原则，即杠杆借力。

杠杆借力可以说是柔道的核心，移动和平衡其实就是为了找到杠杆借力的机会。所谓的杠杆借力，是指身材弱小的运动员，可以以自身为支点，利用对手的体重与力道，顺势而为，借力打力，将对手撬起来，摔出去。而且对手的力道越强，块头越大，往往会被摔得越惨。

弱小企业最大的局限性就是资源与力量有限。弱小企业在竞争中要想战胜强大的对手，必须以对手的块头与力道为杠杆。就像柔道比赛一样，在商业世界中，对手的资产、规模和实力既是对手的优势，同时恰恰也是对手的负担，进而成为对手的弱点与劣势。关键是你能不能找到杠杆和支点来借力打力。

为此，《柔道战略》提出了三种杠杆借力的战术：“利用对手的资产”“利用对手的合作伙伴”“利用对手的竞争对手”。所有这些战术都可以帮助弱小企业把对手的优势变成劣势，从而打败强大的对手。

作者列举了英国免费服务网络公司（Freeserve）通过杠杆借力来打败美国在线的例子。英国免费服务网络公司之所以能够在英国互联网服务市场占据领先地位，就是利用了美国在线在品牌、内容和客户服务方面的投资及赢利渠道。这家公司创建了一个新的业务模式，能够提供免费的互联网接入服务，这样就迫使美国在线做出一个痛苦的选择：要么和英国免费服务网络公司竞争，失去高利润、高收益的核心业务；要么坚持自己的战略，市场份额下降。

移动、平衡、杠杆借力，构成了柔道战略的三大精髓。三者协同发力，弱小企业就可以应对强大的对手并且取得胜利。

柔道战略的中国案例

中国读者读《柔道战略》这本书，会感觉到一种天然的亲切。因为柔道战略本身就是来自古老东方的一种制胜智慧。柔道虽然起源于日本，但其哲学基础却源于中国文化。早在两千多年前的春秋战国时期，中国的道家就提出了“柔弱胜刚强”的命题，兵家也提出了“敌虽众，可使无斗”“善战者，因其势而利导之”的命题。中国的战略家并因此发展出了避敌锋芒、韬光养晦、保存实力、后发制人等一整套以柔克刚、以弱胜强的竞争理念。中国的太极拳，在哲学上更与柔道有异曲同工之妙。

事实上，中国人对竞争的理解，从来不是单纯的实力对抗。中国传统竞争哲学具有丰富的“以智克力”的传统。在中国人的战略思维中，竞争既是实力的较量，更是智慧的对抗。中国人所奉行的主流战略思维，就是以柔克刚、以弱胜强、以少胜多。这反映到中国企业的商业实践中，很多企业事实上早就自觉或不自觉地在与强者的竞争中，娴熟地运用了所谓的柔道战略。

华为的成长，运用的是柔道战略中的移动原则。华为创立之初，在中国市场上面对的是技术强大的国外厂商。如果与强大的对手在利润较高的大中城市市场进行正面竞争，华为很可能早已经在市场中阵亡，更不用说发展成为今天的世界级企业了。华为的选择是避开强大的竞争对手，采取“农村包围城市”的战略，暂时放弃大中城市，进入国外厂商力量薄弱的农村，利用其成本优势，在对技术相对要求不高、但对价格比较敏感的农村市场获得了生存空间，从而积聚了资金，发展了技术。在全球市场的布局中，华为一开始也避开了竞争激烈的欧美市场，从非洲、西亚、东欧、俄罗斯等西方对手力量薄弱的地带取得了突破。华为的战略，就是利用移动原则，避开与对手的竞争，争取到适合自身优势的发展空间，以此为立足点，最终打入通信行业的主流市场，从而成长为全球最具竞争优势的企业之一。

蒙牛发展初期的“二牌战略”，则是一个经典的平衡案例。刚刚创办的时候，蒙牛在中国 1 000 多家乳业企业中排名最后。用蒙牛自己的话说，它是“牛尾巴尖的最后一根毛”。伊利则是全国乳业的老大。据说当年蒙牛在呼和浩特市做灯箱广告时，一夜之间广告全部被人扯破。蒙牛意识到，与老大哥对抗是没有好果子吃的。于是蒙牛打出了这样的广告："向伊利学习，为民族工业争气，争创内蒙古乳业第二品牌。"我向你老大哥学习，你还好意思再对我进行打压吗？更主要的是，人人都知道伊利是中国乳业的第一品牌，却没有人知道乳业的第二品牌是谁。蒙牛的"二牌战略"，一下子使它借伊利之势，跃过了众多的竞争对手。蒙牛这一策略的妙处是，在强大对手的攻势面前，不是与对手针锋相对、鱼死网破，而是靠上前去拥抱对手，抓住对手，并巧妙地将对手的势能转化成自己的势能，妥妥的柔道高手。

近期，在机场也好，高铁站也好，你可能经常会看到青花郎的一个广告："中国两大酱香型白酒之一。"人人都知道茅台是中国酱香型白酒品牌的代表，郎酒很长时间都只能活在茅台的阴影之中。而青花郎通过与强大对手绑在一起的方式，使自身的品牌影响力得到了极大的提升，这显然是一个翻版的"二牌策略"。

阿里巴巴在中国市场上打败易贝（eBay），则是经典的杠杆借力打法。易贝带着雄厚的资本进入中国，并且财大气粗地跟中国所有主流的门户网站都签了排他性的广告协议，目的很简单，就是封杀包括淘宝在内的所有本土竞争者。当时还十分弱小的阿里巴巴如果与易贝正面对抗，没有任何胜算。马云的应对策略是免费。易贝的优势在于其全球的规模，问题是其全球收费的商业模式，决定了它无法单独在中国市场上采取免费模式，然而继续采取收费模式就只能将中国市场拱手相让。易贝为之骄傲的优势，反而成为阿里巴巴打败它的最好支点，易贝陷入痛苦的两难之中。强大的易贝因此溃不成军，最终黯然退出中国市场。而阿里巴巴今天已经成为中国电子商务领域的绝对王者。

关于柔道战略的提醒

无论是移动、平衡，还是杠杆借力，柔道战略讲究的都是以巧取胜。柔道战略为弱者提供了通往打败强者之路的大门。对于弱小企业来说，柔道战略具有极强的指导意义。这本书之所以受到弱小企业的欢迎，绝非偶然。

不过，我也想在本书观点的基础上，对喜爱本书的读者就柔道战略做两个提醒。

第一个提醒是，不要仅仅关注你的对手，更要关注时代的大势。

柔道是一对一的对抗，《柔道战略》关注的也是如何与强大对手进行一对一的博弈，并为此做出了极为精彩的分析。但是正如本书作者所说，任何隐喻都有其局限性。企业之间的博弈与柔道一对一的比赛毕竟不完全相同。以杠杆借力为例，柔道比赛的借力打力，主要是借对手之力，而商业竞争中，除了借对手之力，企业还有外在的大势可以借用，比如技术、行业乃至时代的大势。借大势，甚至比借对手之力还要重要。

天下大势，浩浩荡荡，顺之者昌，逆之者亡。大势带来的往往是颠覆性的机会，大势的变化足以让曾经辉煌的企业，在很短的时间内跌落神坛，也足以让企业曾经为之自豪的竞争优势，在很短的时间内变成明日黄花。弱小企业异军突起的最大胜算，也恰恰蕴藏在对大势的把握之中。大势才是决定战略成败的最大变量。比关注对手更重要的，是关注时代的大势。

竞争者当然要关注竞争与对手。但是过于关注对手，你的眼光就会被对手限制。过于在意与对手的争夺，反而会失去对全局的把握能力。因而，对于弱小企业来说，在关注对手的同时，一定要把企业的前途与对时代大势的判断放在一起，在大的背景下思考那些推动企业发展的趋势。顺势而为，就可以获取推动企业发展、超越强大对手的巨大力量。应该说，对于弱小企业来说，这才是最好的杠杆借力，这也才是柔道战略的最高境界。

第二个提醒是，在讲究策略的同时，不能低估了实力的重要。

柔道战略最具有吸引力的地方，就是它将竞争从实力之争转换成了策略之争、技巧之争，从而给资源与实力有限的弱小企业打败强者提供了思路。然而在任何竞争中，策略和技巧从来都不是万能的。策略和技巧可以放大实力与资源的效能，但它不能代替实力与资源本身。

这本书所讲的一个故事给我留下了深刻的印象。在相当长的时间里，柔道比赛都认为胜利的最终保障不是选手的力量和体重，而是技能，因而传统的柔道比赛是不分级别的。然而 1961 年，身高 6 英尺 6 英寸（约 1.98 米）、体重 253 磅（约 115 千克）的荷兰人安东 · 海辛克连续打败了三个日本柔道高手并获得世界冠军。从那时起，世界范围内的柔道比赛开始按体重分级进行。

这个故事告诉我们一个什么道理？在竞争中，当双方的实力差距到达一定程度的时候，再好的策略和技巧也难以改变强胜弱败的结局。拳经中也有一句话："力不打拳，拳不打功。"单纯使用蛮力的人固然不如练过拳技的人灵活敏捷，但再精于拳技的人，也比不上内外功力精深的高手。事实上，真正的柔道高手一定有着高深的功力，而不仅仅是靠策略和技巧取胜。企业竞争也是如此，策略和技巧可以在一定范围内弥补实力的不足，让你胜于一时，但从根本和长远上来说，主导企业竞争格局的终极因素还是自身的实力与根基。

在任何对抗领域，无论是战争、体育还是商业竞争，取胜之道都有两条思路：一条思路是"你强，我比你更强"，另一条思路是"你强，我让你强不起来"。显然，柔道战略更多地关注后者。其实这两条思路并不矛盾。对于弱者来说，就是要让对手强不起来，为变得比对手更强争取时间，创造条件。也就是说，让对手强不起来只是手段，自己变得比对手更强才是目的。千万不能陷入柔道战略所带来的眼前胜利中不可自拔。柔道战略并非万能，单靠柔道战略不可能成就今天的阿里巴巴。要避免掉入柔道战略的陷阱，更不要把柔道战略看成投机取巧的捷径，或者速成的灵丹妙药，对于柔道战略的拥趸来说，这一点至关重要。

再版序

20 年前，我和玛丽·夸克（Mary Kwak）出版了《柔道战略》一书。我们写作这本书时，互联网热潮方兴未艾，而在它 2001 年出版之后仅 30 天，“9·11”恐怖袭击事件就发生了。许多在互联网繁荣初起时撰写的书籍早已被人们抛在一边，那些当年盛行一时的理论，比如“大干快上”（get big fast）和“博眼球是唯一重要的事情”，在很大程度上已信誉扫地。不过，《柔道战略》一书的基础是经济学和博弈论的基本原理。我们以柔道运动作为一个有力的隐喻，探讨小型灵活的互联网公司如何崛起，同时我们在书中研究的大多数公司都安然度过了 2001 年至 2003 年的互联网泡沫破裂。我们认为，柔道战略的基本原则已经经受住了考验。

在过去的 20 年里，我一直向 MBA 学员和高管们传授这本书中的重要经验。事实上，我已经能够找到许多与时俱进的新案例，证明为什么柔道战略对全球各地的企业家和管理者而言都是一个强有力的理念。例如，柔道战略从“移动”原则开始。柔道战略建议小公司应该遵循“小狗策略”，避免与实力更强大的大公司直接正面对抗；通过制定自己的游戏规则，而不是遵循竞争对手的规则来划定自己的竞争空间；然后利用速度和敏捷性来实现快速发展。纵观当今世界，我认为苹果公司推出 iPhone 手机时采取的策略正是一个完美的例子，能够说明柔道战略中的“移动”原则。

在 2007 年推出 iPhone 手机之前，苹果一直遵循小狗策略。当时的苹果在手机业务上看起来很弱，对那时已有的手机制造商毫无威胁可言。事实上，在 2004 年到 2006 年，当时手机领域的全球领先者诺基亚（Nokia），完全不担心苹果可能进入手机市场。史蒂夫 · 乔布斯（Steve Jobs）一直对苹果的 iPhone 项目严格保密，没有人知道它将横空出世。此外，苹果在发布 iPhone 手机时重新定义了空间：iPhone 手机与市场上的任何产品或商业模式都不一样。显然，苹果不仅面向消费者推出了 iPhone 这样一个没有实体键盘、带有全新用户界面的新产品，他们也重新书写了智能手机的商业模式。苹果的第一款 iPhone 手机没有运营商补贴：苹果要求并成功地从合作的运营商处获取一定比例的 iPhone 运营收入。此外，苹果公司主要通过自己的商店，而不是运营商门店销售 iPhone 手机。

然而，我们今天几乎忘记了一点，那就是 iPhone 手机从推出开始便面临重重问题。它的价格太高，操作系统太过封闭，不能兼容企业电子邮件系统，同时史蒂夫·乔布斯还发表了如下名言：苹果永远不会允许独立的第三方应用程序在 iPhone 上运行。不过，事实证明，乔布斯堪称柔道战略大师，他很快意识到了这些问题，并“快速跟进”。在 4 个月内，乔布斯降低了 iPhone 手机的价格（甚至返款给早期买家）；在 6 个月内，苹果创建了应用商店，并向第三方应用程序开放了 iPhone；在 8 个月内，iPhone 能够连接到公司邮件系统；而到了第一年末，苹果调整了其定价模式，允许运营商补贴并大幅降价。当然，接下来发生的事情大家都耳熟能详：iPhone 手机迅速成为历史上最成功的消费电子产品，并推动苹果成为全球最有价值的公司。

同样，为了说明“平衡”原则，我想讲一个与上面的例子密切相关的故事。平衡原则背后的基本理念是，柔道应教会你时刻保持平衡。如果在和比自己块头大的对手对抗时失去平衡，你注定会失败。本书阐述了在商业环境中，一家公司应该紧紧抓住对手，避免针锋相对地正面对抗，同时最重要的是，要学会在对手拉时去推。推拉制衡原则背后的理念是利用竞争对手的力量来击败他们，当他们推你的时候，切忌硬碰硬地对抗，而是拉动对方，跟他朝着同一个方向用力。这样，对手的力道就可以变成你的力道。我最喜欢的一个例子是台湾手机公司 HTC。HTC 的首席执行官周永明是我在哈佛大学的学生，他从哈佛大学毕业后不久，史蒂夫·乔布斯就推出了 iPhone 手机，并对 HTC 造成了巨大威胁。当时，HTC 正在开发一款非常类似的产品，但周永明的管理团队并不认为这款手机能够和 iPhone 抗衡，因此建议公司另起炉灶，重新设计。得益于学习到的推拉制衡理念，周永明告诉团队，他们并没有抓住要点所在：史蒂夫·乔布斯推出的 iPhone 使公众广为接受了现代智能手机的理念，因而为其发展提供了动力。虽然 HTC 的手机可能不像 iPhone 那样出色，但它已经相当不错。因此，正确的做法不是反击苹果，而是借苹果之势为己所用。苹果公司早期的策略存在一个弱点，它在每个市场只向一家运营商出售 iPhone。因此在世界上的每个国家，（未获得苹果授权的）第二家或第三家运营商都迫切希望能有 iPhone 的竞品可供选择。周永明告诉团队，HTC 不应退缩，而是应该加速发布 HTC 的新手机。如果 HTC 能够成为 iPhone 之外的“iPhone”，它就能够快速赢得市场份额。事实确是如此，HTC 智能手机推出的头 6 个月中，其销量与 iPhone 手机持平。由于做出了在 2007 年紧随苹果的脚步推出首款智能手机的决策，HTC 在随后 5 年内的收入增长了大约 15 倍，达到近 150 亿美元。

最后，柔道战略的第三个，也可能是最关键的原则，是杠杆借力原则。杠杆借力体现的基本理念源自阿基米德原理，就像阿基米德说的那样，只要杠杆足够长，支点足够强，“给我一个杠杆和支点，我将撬动地球”。在商业上，这意味着找到方法，化竞争对手的优势为自己的借力点，这可以通过利用竞争对手的资产、竞争对手的合作伙伴，以及竞争对手的竞争对手来实现。有关这个原则，有一个非常经典的现代例子，那就是亚马逊和沃尔玛之间的战争。当然，沃尔玛现在仍然是世界上最大的公司和最大的零售商，它的实体资产遍布世界各地，其中心辐射式的配送中心优化了仓储配送。在与沃尔玛进行竞争时，或许亚马逊最重要的战略举措是，它决定创建一个开放的平台，允许沃尔玛（以及亚马逊）的所有竞争对手在这个平台上销售商品，并通过其优化了的配送中心送货上门。如今，亚马逊超过 50% 的销售额来自在其平台上销售的第三方产品。为什么这是一个强有力的柔道动作？正如阿基米德宣称的那样，亚马逊其实是打造了一个对沃尔玛而言难以效仿的杠杆。可以说，世界上任何一家零售商（尤其是在 20 年前），都对沃尔玛心存恐惧，并不太可能在沃尔玛的平台上开展业务。同时，沃尔玛本身也不愿意效仿亚马逊的做法，因为它害怕这样做会蚕食自己的门店和配送中心。当然，沃尔玛最终还是复制了亚马逊的模式，以 30 亿美元的价格收购了 jet.com 网站，但这一步花了其将近 15 年的时间。在那时，亚马逊已经成长为全球最大和最有价值的电子商务公司之一。

同样，现在的商界采用相扑策略的例子也随处可见。在本书中，我们列举了大量微软公司（Microsoft）的例子，它在 20 世纪 90 年代采取了一系列极富进攻性（而且在很大程度上非常成功）的行动,以攻击网景公司（Netscape）和其他许多竞争对手。近年，针对谷歌（Google）、脸书（Facebook）、苹果和亚马逊的反垄断诉讼不断增多，表明今天的巨头们所采取的战略举措与当年的微软别无二致。不幸的是，谷歌、脸书、苹果和亚马逊的高管可能从未读过我的书。如果他们认真读过，可能就不会忘记相扑战略的最后一课：切记，行业巨头适用的是不同的规则，尤其是针对反垄断。对于相扑选手级的行业巨头，反垄断的阴影将一直是一个巨大威胁。

20 年弹指一挥间，看到上面的概念仍然新鲜而充满活力，同时这些理念在 21 世纪仍然可以像在 20 世纪一样得到强有力的应用，这无疑令人倍感欣慰。对于任何企业家和高管而言，如果他们的公司面临规模更大、几乎占据绝对优势的对手，那么柔道战略依然能成为他们必不可少的一个工具。

大卫 · B. 尤费

2021 年 1 月

前　言

隐喻在商业中扮演重要角色。人们利用隐喻这种生动且发人深省的方式表达自己的想法，梳理事实，把复杂的世界简单化。此外，隐喻还具有激励作用，因为它们通常易于理解而且令人难以忘记。美国太阳微系统公司（Sun Microsystems）的 CEO（首席执行官）司考特·麦克尼利（Scott McNealy）也坦言，他发现自己“在制定经营策略和激励员工时，经常使用体育和战争方面的隐喻或类比”。[1] 麦克尼利认为：“那些成功的企业都会采用经典的隐喻和类比来定义自己的业务，讲述自己的经营理念。”

这本书建立在两大隐喻的基础之上，我们希望在读者面对商业挑战时，这些颇有道理的隐喻会有所帮助。我们主要的隐喻来自 19 世纪后期产生于日本的柔道。柔道比赛选手靠速度、敏捷性和机智取胜。最重要的是，与许多其他的武艺不同，柔道的真谛在于怎样把对手的体重和力量变成自己的优势。

我们在 1997 年夏天采访网景通信公司（Netscape）时产生了这个想法。当时我们问网景工程部的负责人，在 Windows 操作系统占主导地位的情况下，他怎样才能在与微软的竞争中获得成功。他给了一个很有柔道意味的答案。他说："你可以把微软的操作系统看作一种资产，你也可以把这个操作系统看作微软的负担。"他认为微软在 Windows 的研发和推广上过于投入，以致网景有机会利用微软的实力来加强自己的优势。

我们的理念是，柔道隐喻越来越引人注目，已经成为一家公司战胜强大竞争对手的一种思想武器。我们相信，像柔道大师一样使用柔道技巧，可以帮助企业变成更有实力的竞争者。我们原来的这些想法在《互联网时代的竞争：网景及其与微软竞争得失录》[2] 一书中有所体现。而本书的写作促使我们进一步探索在竞争对手实力不对等的情况下运用柔道战略的作用。

我们第一步做的就是了解柔道。在研究该课题时，我们参观柔道课程和柔道比赛，采访美国的柔道大师，并前往日本采访柔道高手和相扑（我们的另一个重要隐喻）大师。但是，我们必须承认，我们都不愿意上柔道（或相扑）课，我们只是想借用柔道隐喻和相扑隐喻。

接下来，我们研究了企业管理方面的一些文献，得知商界和学术界一直都在使用柔道隐喻。许多企业高管在不经意间习惯于用"柔道"或"柔术"描述他们的战术。而柔道隐喻已经在经营战略方面为广大经济学家和学者所接受。例如，加里·哈默尔（Gary Hamel）和C. K. 普拉哈拉德（C. K. Prahalad）在《哈佛商业评论》上的经典文章中讨论战略意图时提到了这项运动，他们说“竞争性创新就像柔道比赛——利用对手的实力对付他们，并把他们掀翻在地”。[3]然而，据我们所知，没有人曾试图以柔道为基础来系统地讨论经营战略问题。因此，我们面临的挑战是柔道战略能否被管理者采用，柔道隐喻在发展和经营战略交流方面是否具有价值。

我们首先挑选以前及当下能够体现柔道战略价值的商业案例。我们曾用近两年的时间采访了50多位企业高管，他们中大部分是CEO，有些是企业负责人。在有些情况下，我们也采访跟我们的采访对象是竞争关系的企业的管理人员。例如，我们先采访网景通信的人，然后再采访微软的CEO和微软流媒体业务的主管。同样，我们在分析科技资讯网络公司CNET的过程中，还与该公司最大的竞争对手美国国际数据集团（IDG）和至顶网（ZDNet）的CEO见了面。

一个重要的情况就是，我们的分析不能局限于我们的面谈。我们形容为相扑战略的东西——最大限度地利用你的力量和权力——对于那些从类似策略中已经获益的大型企业来说，可能是一个非常敏感的话题。因此，在写这部分内容时，我们借鉴了大量的公共信息、政府文件及各类采访。幸运的是，司法部已就

1998 年起诉微软的案子创建了大量的在线档案。而这些档案材料对于我们的研究是非常珍贵的。

我们很高兴地发现，许多经理人开始使用柔道战略，虽然他们像《莫里哀情史》里的乔丹恩先生那样根本意识不到自己的口才一级棒，但通常都在运用柔道战略，只不过口头上没有使用这个术语罢了。

我们所研究的有些采用了柔道战略的企业取得了非常积极的成果，其他公司刚开始应用时似乎很成功，但随着时间的推移，它们发现真正实施起来难度很大，这就为我们研究柔道技巧为什么有时成功有时失败提供了可能性。我们的研究结果基本证实了我们的假设，柔道战略可以帮助很多企业成功地对抗更强的竞争对手，但同时也证实了我们的怀疑：柔道战略不是万能的。

我们在本书中不能透露任何企业的机密。根据哈佛商学院的规则，我们向各位高管承诺：他们可以审查书中引用的采访资料，也可以否决任何独家信息的发布。绝大多数被采访者没有要求我们在措辞上或引用他们的话语时改变什么，只有一个人要求我们删除机密信息。有些公司不可避免地删除了 CEO 的发言，但是令人欣慰的是，这并不影响我们的研究和信息的完整性。

我们把本书分为三个部分，这样读者可以聚焦到自己最感兴趣的方面。本书的前四章系统地将柔道隐喻应用于经营策略。我们介绍了柔道的核心原则——移动、平衡和杠杆借力，并探讨了企业可以使用哪些具体的战术来赢得竞争。每一项战术都结合现实生活中企业和管理者的例子，其中既有来自旧经济行业的，也有来源于新经济行业的。

本书的第二部分详细介绍了三家企业如何把柔道战略转化为行动。我们找的都是“柔道竞技”中最高级别的选手——黑带，其中包括奔迈计算机公司（Palm Computing）和 Handspring（首家生产具有无限扩展功能的掌上电脑的公司）的杰夫·霍金斯和唐娜·杜宾斯基，瑞尔数码公司（RealNetworks）的罗布·格拉泽（Rob Glaser），CNET 的哈尔西·米纳（Halsey Minor）和谢尔比·邦尼（Shelby Bonnie）。我们的研究从一开始就将奔迈计算机公司作为目标，因为 1995 年本书作者大卫·尤费的女儿和唐娜·杜宾斯基的女儿一起上幼儿园时，尤费就从杜宾斯基那儿了解了奔迈的情况。瑞尔数码公司一开始不在我们的研究计划之列，但在与罗布·格拉泽的几次会面中，格拉泽对柔道战略的熟练运用给我们留下了深刻印象。同样，CNET 一开始也不在我们的名单上，但我们第一次与哈尔西·米纳见面后意识到，CNET 在每一个阶段都成功地运用了杠杆作用。

本书的最后一部分针对两个读者群体提供了指导：一是想知道如何反击柔道战略家的人；二是想更多了解怎样把柔道战略付诸实践的人。

我们力图使本书的讨论对所有的管理者都有实用价值，无论你来自旧经济体还是新经济体，无论你是公认的领先企业的管理者还是创业新手。如果你能发现柔道隐喻在塑造战略思想方面的价值，你一定会喜欢本书。

第 1 章

柔道战略简介

柔道就是利用对手的体重和力量，借力打力，使体力处于劣势的人能够战胜在体力方面占优势的对手。

——《哥伦比亚百科全书》第六版

1994 年春天，一家名叫马赛克通信（Mosaic Communications）的小公司在加州山景城成立了。半年后，这家名不见经传的小公司改名为网景通信，随后成为高科技领域最有名的公司。航海家（Navigator）浏览器作为网景的主打产品，从一开始就占领了市场。联合创始人马克·安德森成为第一个同时登上《人物》和《时代》杂志的网络名人。1995 年 8 月，成立不到 16 个月的网景通信首次公开募股。

但是网景通信的好景不长。1995 年 12 月 7 日（历史上的“珍珠港事件”也发生在这一天），微软向网景宣战。网景最初的赞助人和董事约翰·杜尔说，当时网景一下子就回到了起点。在无情的攻击下，航海家浏览器的市场份额很快就开始出现不可逆转的下滑，而且由于市场担心网景没有和微软竞争的实力，网景的股价跌至低点。到了 20 世纪 90 年代末，微软占领了浏览器市场，而网景被美国在线收购后才得以生存下来。同时，在整个新经济中，“网景”成了失败的代名词。

网景通信成立两年前，在离加州洛斯阿尔托斯几英里的地方，另一家公司——奔迈计算机公司成立了。奔迈徘徊观望了几年后，在 1996 年 4 月推出了掌上电脑。当时的计算机和电子产品巨头，包括苹果、微软、惠普和夏普，早已涉足该领域并展开了竞争，这些企业中的任何一个都可以击败奔迈。因此，奔迈公司的创始人杰夫・霍金斯和唐娜・杜宾斯基在掌上电脑发布后的几个月里一直都是小心翼翼的。

到 1996 年底，很明显，奔迈公司获得了很大的成功。就像网景通信的航海家浏览器一样，奔迈的掌上电脑一年之内就占领了市场。但是，与网景通信不同，奔迈公司逐渐壮大。尽管微软一再努力地要抢回市场，但是在 4 年的时间里，奔迈公司的市场份额始终保持在近 70%。2000 年 3 月奔迈公司上市，首日交易的估值为 530 亿美元。成立 8 年后，奔迈公司不仅生机勃勃，而且借用苹果公司的话说，它简直是“疯狂的伟大”。

为什么奔迈公司能够成功，而网景通信却失败了呢？那些商场上的成功人士和那些开始红火最终却半途而废的人士有什么差别呢？哪些战略可以保证一个公司在面临强大的竞争对手时生存下来？而哪些又最有可能导致失败？这些问题是所有雄心勃勃的企业最终都要面对的问题。

网景通信和奔迈公司都是从小公司起步，但它们要和世界上一些实力强大的大公司竞争。即使是大公司，它们在扩大经营范围时也可能会发现自己面临类似的竞争局面。实力再强的公司，在进入一个由他人把持的市场时，也会处于劣势。

那么，当缺乏实力时，什么样的战略最有可能助你成功？无论你的实力是强还是弱，都不要像网景通信那样选择硬碰硬；仔细研究一下对策，像奔迈公司一样避免针锋相对，利用对手的力量来增强自己的实力。这就是柔道战略的核心所在。

什么是柔道战略

柔道战略是一个复杂的概念。从根本上说，它是以柔道比喻怎样在竞争中获得胜利。显然，所有的隐喻都有局限性，有时不那么全面，但柔道隐喻可以帮助你掌握柔道战略的思维框架。想象一下柔道比赛的情景，你很容易就能理解如何在移动中击败一个强大的对手。

为了帮助你掌握柔道战略，我们要探讨三个原则来训练你的思维：移动、平衡、杠杆借力。三个原则提供了不同的战术模式：移动原则使你的竞争对手失去平衡和最初的优势；平衡原则有助于你进入竞争并且在攻击中生存下来；杠杆借力原则能够使你击倒对手。这三项原则一起使用时，能够帮助你打败任何规模的竞争对手。

为了把这些原则陈述得更加具体，我们提供了一个柔道战略的工具箱，援引了众多公司的一系列相关例子。孤立地来看，这些战术看似不重要，但是，你可以利用来来回回的几个小幅移动削弱对手，赢得胜利。分析成功企业的案例将帮助你了解柔道战略的不同原则是如何协同发力的，而且我们希望借此激发你运用自己的柔道战术。

柔道战略不是一个让人必须亦步亦趋的僵化模式。跟柔道比赛一样，商业领域中的竞争对手各有渊源。因此，我们每次面临挑战时，都需要运用有针对性的战术组合。我们不能准确预测你在经营中需要运用哪种柔道战术，具体的柔道战术得由你自己决定。但是，本书旨在为你提供一种新的思维模式，帮你掌握柔道战略的基本原则和一套战术，然后把这些战术用到下一场柔道比赛中。

柔道战略

- 避免硬碰硬的思维模式。
- 三个竞争原则：移动、平衡和杠杆借力。
- 一整套战略和战术。

谁应该使用柔道战略

规模较小的公司需要使用柔道战略，因为柔道比赛更重视战术而不是规模和实力。通过掌握移动、平衡和杠杆借力原则，柔道战略家可以最大限度地发挥自己的力量，同时又防止对手充分发挥实力。一个柔道运动员或者柔道高手知道这种力量在合适的时机会产生作用，只要战术运用得当，甚至一个孩子都可以击败强大的对手。

但是柔道战略不仅仅适用于小公司。大公司如果能把柔道战略和自己的优势结合起来，就会变得特别强大。柔道比赛中，力量本身并不是特别重要，只有在两个实力相当的柔道高手之间，力量和块头才会决定胜负。1961 年，柔道界不得不承认了这一点。传统上，柔道比赛不分级别。大多数经验丰富的教练认为，胜利的最终保障不是选手的力量和体重，而是技能。1961 年，身高 6 英尺 6 英寸（约 1.98 米）、体重 253 磅（约 115 千克）的荷兰人安东·海辛克连续打败了三个日本柔道高手并获得世界冠军。从那时起，柔道比赛开始按体重分级别进行。当然日本除外，他们的柔道比赛仍然不分级别。

使用柔道战略的前提

- 你实力弱小而对手实力强大（就像牧童大卫对战巨人歌利亚）。

- 你虽然有实力，但进入的领域已被实力很强的对手占据。
- 你有能力（速度、敏捷性和创造力）以战术制胜，而不必考虑实力问题。

什么时候使用柔道战略

除了不认可蛮力的作用，柔道战略还更看重速度、灵活性和创新性。鉴于这些技能在新经济领域中的突出地位，下文中会出现很多高科技和互联网企业的名字，对此你应该不会感到奇怪。但柔道战略并不像过去的经济案例所体现的那样仅仅局限于技术转型时期。柔道战略不仅在快速变化的时期具有特定的作用，还可以应用于成熟的产业中。在这些产业中，占主导地位的企业往往动作迟缓，对于灵活的柔道战略家来说，它们可是理想的攻击目标。

在激烈的竞争中，当你选择正面攻击战术很可能会失败时，柔道战略可以助你一臂之力。但柔道战略并不能回答每一个战略问题。例如，它不会告诉你如何管理客户关系，如何微调供应链，或者如何建立成功的合作关系，虽然这是每一位管理者都要考虑的关键问题。相反，我们的重点是讨论竞争的战略原则，利用一方的损失促成另一方的成功。

使用柔道战略的时机

- 竞争是你的战略重点之一。
- 竞争对手拥有实力和规模的优势。
- 你不可能靠硬碰硬获胜。

柔道战略的起源

柔道战略源于“柔道经济学”。经济学家朱迪斯·格尔曼和史蒂文·萨洛普使用这一名词来描述一个简单的战略，即怎样进入一个由强大对手把持的市场。[1]

柔道经济学：一个简单的例子

这个基本模型做出了以下重要的假设：市场占有者只面对一个没有成本优势的挑战者；市场占有者对所有顾客开出的价码都是相同的（也就是不存在价格歧视）。在这些假设的基础上，柔道经济学的逻辑是，假设市场占有者向 10 个客户提供单价为 50 美元的商品，如果你面向整个市场以单价 40 美元供货，市场占有者会被迫做出选择：要么和你的定价一致，要么失去所有的客户。相反，如果你仅有能力向一位顾客供货，那么市场占有者会觉得即使你进入了市场，它以原价向剩下的9位客户销售产品也是有利可图的。

就像大多数期刊论文一样，格尔曼和萨洛普的论文也只是提出假设，列出图表和公式。但是，这些公式表达了一个简单的理念：如果你向实力强大的市场占有者发动全面攻击，你的对手就会通过大幅降价等方法反击你，而且极有可能赢得市场。但是，如果你表示自己满足于只占有一小部分市场份额，就会避免这种情况的发生。目前的市场占有者出于自身利益的考虑会允许他人进入市场，而不是发起竞争来破坏整个市场。格尔曼和萨洛普称这种进入策略为“柔道经济学”，因为它展示了一个小公司如何利用强大对手的实力得到自己的利益。通过示弱，市场后入者可以让市场占有者容忍它的存在，而不致引发市场占有者的反击。

柔道经济学的理念具有一些本能的吸引力：要让对手的实力变成劣势。但柔道经济学也有很大的局限性。首先，实施起来非常困难。虽然你说你不会威胁到竞争对手，但是要对手相信你说的话,那就是另一回事了。其次,一旦原始模型背后的假设被放宽，柔道经济学的前景看上去就不那么光明了。例如，如果市场占有者面临的挑战者不止一个，而是有很多潜在的挑战者，它会和任何一个想来抢占市场的对手展开竞争。这样一来，它会摆出一副绝不让步的架势而让竞争者望而却步。柔道经济学最大的弱点是，它把目标定得太低。柔道经济学可以让你保持在小规模状态下生存下来。对于大多数管理者和公司来说，这样是不够的。谁也不想被边缘化，谁都想参与竞争并获得胜利。

当然，根据你的企业的竞争实力，你可能获得不同形式的胜利。对于一个胜者为王的行业来说，胜利就意味着要做到最好。如果市场能同时容纳一些有实力的竞争者，那就意味着你可以成为三巨头之一。在艰难的环境中，胜利只会以更为局限的形式表现出来：在绝大多数挑战者都亏损的市场上经营一家赢利的企业。在最后这种情况下，柔道经济学可能会有一些帮助，但它并不能让你扩大经营规模，实现更大的抱负。

柔道战略讨论的是柔道经济学不关注的方面：提供一套战术，不仅要让你生存下来，还要让你茁壮成长，发展壮大。柔道战略的目标不仅是在市场上获得一个立足点，还要占据一个具有成长性并且最终能够赢利的位置。管理专家彼得·德鲁克描述了他称为“企业家柔道”的类似概念：“企业家柔道的首要目标是抢滩，即抢占一个没有人防守或者没有人全力防守的阵地。一旦抢占的阵地安全了，也就是说，进入市场的新企业争取到了足够的市场份额，有了充足的收入来源，它们就会转移到其他海滩，最后占领整个岛屿。”[2]

德鲁克指出的关键问题是，一旦竞争对手警醒过来，要和你对抗，你如何跃出你的滩头阵地。柔道战略提供了思维模式和战术，帮你击败更大、更强的对手。柔道战略超越了柔道经济学，追根溯源，其灵感来自柔道高手教了 100 多年的柔道战略原则。

柔道简介

柔道源于日本封建时代武士们练习的一种武术——柔术。柔术是徒手格斗的武术，就像今天的柔道一样，包括擒拿、踢、刺、打、摔等技术。和射箭、剑术、用长矛作战一样，柔术是武士训练的重要组成部分。尽管双方通常都是空手格斗，但这种格斗也是可以致命的。当然，尽管动作凶猛，相对于力量来说，柔术更强调平衡性和灵活性。

从柔术到柔道

在德川时代（1603—1868）早期，武术师傅就开始正式教授柔术，不同的学校传授不同的技巧。柔道于 19 世纪后期才开始出现。柔道的创建者是一个教育家和公务员，叫嘉纳治五郎。嘉纳治五郎在学生时代遭遇过校园欺凌，他从那时就开始学习武术。五郎先是跟随一些柔术高手学习柔术，然后于 1882 年 5 月进入东京寺庙的一家讲道馆学习。[3] 五郎讲过一个故事：

> 年轻的时候，我跟着许多著名的大师学习柔术。他们渊博的学识、丰富的成果和经验都让我受益匪浅。在那个时候，每位师傅都有自己的一套技巧，但没有人参透柔术背后的精神。当我在教学中遇到分歧时，我发现自己经常无法判断哪个是正确的。这促使我探寻柔术的精神。这种精神能够让我们在攻击中将对手摔倒。经过深入的研究，我看出问题的本质就是最有效地利用心理和身体的力量。我发现所有的攻击和防卫战术都源于这个原则……我把这些战术整合起来，称之为柔道，以区别于以前的柔术，并在讲道馆传授。[4]

不久，五郎的学生开始在比赛中不断击败对手，获得胜利。他们的成功引起了东京警方的注意。东京警视厅开始请讲道馆的师傅帮助他们训练警力，接着海军学院也开始效仿东京警视厅的做法。

后来，柔道的名声开始流传海外。20 世纪初，五郎派他最好的学生到美国训练西奥多·罗斯福。（显然，荣誉不是毫无风险就能得到的。有记录者说，罗斯福很重，很有攻击性，这位可怜的柔道老师只能小心翼翼地避免把美国总统打瘸了，而他自己却多次受伤，忍受着极大的痛苦。）[5] 五郎的其他弟子也到拉丁美洲、欧洲及印度、尼泊尔、阿富汗、伊朗和埃及等世界各地传授柔道。

柔道的意义

柔道的精髓就蕴含在它的名字中。第一个字“柔 ”意味着退让；第二个字“道”，是指原则或方法。柔道常被译为“柔和的格斗”，这可能会产生误导。只要被摔倒在柔道垫上一次，你就会知道柔道的厉害，它可跟柔和没有一点儿关系。五郎在 1937 年出版的书中为西方读者做出了一个更好的定义，他的解释是“首先要退让一步，以便最终获得胜利”。[6] 嘉纳治五郎喜欢用一个简单的例子来说明这个原理：

> 假设我的力气为 7 分，而我面前是一个力气为 10 分的人。如果他用力推我，即使我拼尽全力对抗，我也肯定会被推倒或撞倒。但是，如果我不和他针锋相对，当他推我时，我就势避开，同时还保持平衡，那么我撤回身体时，对手就会失去平衡。由于失去平衡，对手就很难用上全力，那他的力气就只剩 3 分。而我因为保持住了平衡，力气仍然为 7 分。现在我比对手实力更强，而且只用一半的力量就能击败他了。[7]

嘉纳治五郎明确指出力量在柔道中的作用跟其他体育项目一样。但是从根本上来说，柔道比赛是技术的较量，而不是力量的较量。一个柔道高手追求的是如何利用最小的力量。这和拼尽全力击败对手的体育精神是不一样的。所以，经常有柔道老师抱怨，天生力量超强的学生是最难训练的。

柔道技术

那么，你可以像嘉纳治五郎说的那样把对手制服吗？把对手拉向你，从下面横扫对手的腿，把对手摔倒在地上；用手臂环住对手的脖子，背部抵住他的胸口，来个背摔；当对手推你时，趁势把对手拉过来，摔到地上，用脚抵住他的腹部。嘉纳治五郎穷其一生，共提出 40 种摔法，他去世后，官方认可了其中的 25 种。

对于观众来说，“摔出”是柔道的标志，也是这项运动最剧烈的一部分，柔道战略的隐喻就源于这里。但是，除了摔出（投技），柔道技术还包括擒拿（固技）和进攻技术（当身技）。固技包括压倒或钳制对手（压技）、勒住对手颈部（绞技）和锁住对手的关节（关节技），迫使对手认输。当身技是指用手、脚、肘和膝盖来攻击对方的重要部位，使之丧失进攻能力。这些技术，包括使用武器，旨在通过给对方造成痛苦甚至致对方死亡来取得胜利。（由于具有一定的危险性，训练这些技术要严格遵循一定的方法。）

如何在柔道比赛中获胜

要想在柔道比赛中获胜，你必须掌握三个关键原则：一是使用移动的办法破坏对手的平衡，打乱他的脚步；二是在攻击时要保持自己的平衡；三是利用杠杆加强你的力量。正如一位早期的柔道专家写的："要想摔倒对手，必须先移动，通过移动破坏对手的平衡，然后利用杠杆作用或者通过攻击对手的身体部位来摔倒对手。"[8]

一个成功的柔道运动员就是利用移动占据可以施展技术的位置，同时阻止对手达到同样的目的。大多数冠军都会多次利用自己最擅长的技术。因此，要想打败一个高手，你要让他无法发挥自己的特长。如果腿摔是他的特长，那就要靠近他，不让他有机会伸腿。如果肩摔是他的特长，那就和他保持一定距离。如果他的特长是摔而寝技（在垫子上使用的技术）较弱，那就快速把他压倒在垫子上。你要一个技术紧接着一个技术，一次攻击紧接着一次攻击，始终保持主动和快速移动。

移动的目的是动摇对手的位置，让他失去平衡，削弱他的优势。如果对手也采取同样的战术，你应该怎么办？柔道有一个简单的原则：当对方推你时你就要采用拉的技术，如果对方拉你，你就要采用推的技术。推对手时你的身体就像靠在一扇门上，如果门打开了，你就会摔倒在地上。但是，利用对手的力量，顺着对手的方向移动，你就可以控制住对手。对手推你时，你不要推回去，而是要把对手拉向你，引导他按你的意愿移动。即使你的移动失败或者失去平衡，动作原理也是一样的。保护你的身体，但不要抗拒倒下。学习柔道的第一件事就是学习受身，即怎样安全地倒地，然后再找机会防守反击。

现在，你已经移动到位，削弱对手的同时要保持好你自己的位置，然后怎样才能摔倒对手呢？这时候就要发挥杠杆的作用了。如果没有杠杆，投技将需要巨大的力量。想象一下，怎样才能抓起一个 200 磅（约 91 千克）重的东西再把它摔到地上。如果把你的身体变成一个支点，就可以相对容易地完成这个动作。如果不相信，就请你去操场上观察一下，看看一个 4 岁的小女孩怎样利用跷跷板把比她重的哥哥跷到空中。

从柔道到柔道战略

我们把柔道经济学的观点和从柔道实践中总结出来的原则结合起来整合成战略思想，这样可以帮助你建立竞争优势，让你在与实力较强的企业竞争时确保自己不会受到攻击。这些观点并不是全新的。细心的读者会注意到，柔道战略融合了迈克尔·波特、潘卡基·盖玛沃特、亚当·布兰德伯格、巴里·奈尔伯夫和克莱顿·克里斯坦森等众多学者的观点。你需要把这些想法纳入一个框架，并且根据柔道隐喻提出独特的观点。

原则一：移动

移动可以让你找到最有利的战斗位置，充分利用你的敏捷和速度，削弱更强的对手的竞争实力，并且早早抓住优势。

在第 2 章中，我们总结出移动原则中的三个战术：

- 不要引发攻击（又名“小狗策略”）
- 划定竞争空间
- 争取快速发展

第一种战术的目的是通过延迟竞争对手的攻击或避免竞争对手的攻击来寻求机会。例如，理查德·费尔班克和奈杰尔·莫里斯所使用的小狗策略使得第一资本银行（Capital One）成为美国排名前十的信用卡发行商之一。他们避开业内领先企业的注意，在竞争对手醒悟之前建立起一个实力强大、利润可观的企业。相比之下，我们提到的其他一些公司，例如财捷集团（Intuit）和瞻博网络（Juniper Networks），虽然没有成功避开他人的关注，但是它们能够让对手“离开比赛”，成功地占据市场并充分利用自己的优势迅速发展壮大。

利用移动，可以消除对手痛下杀手的意愿或能力，最终依靠自己的实力，迫使竞争者醒悟，并让他学会按照你制定的规则参与竞争。移动旨在拖延对抗，到了最后决定胜负的时刻，平衡原则开始发挥作用。

原则二：平衡

平衡可以同时用于防御和进攻。保持平衡是避免失败的关键。但柔道战略所说的平衡不仅仅是指要站稳脚跟。掌握了平衡原则，你就可以削弱对手的进攻并且保持自己的攻势。

在第 3 章中，我们将介绍三种战术，教你把平衡原则运用到竞争中：

- 抓住对手
- 避免针锋相对
- 推拉制衡

这三种战术都是为了让竞争对手没有机会发挥实力。例如，紧紧抓住对手能让你在对手发起进攻前先发制人，从而降低他的威胁性。但如果这个方法失败了，或者用得太迟了，你需要保存体力，不要和对手针锋相对。易贝（eBay）的首席执行官梅格·惠特曼（Meg Whitman）就使用了这两种战术，巩固其在C2C（消费者对消费者）在线拍卖市场的领先地位。易贝通过分给潜在的竞争对手美国在线大量股份夯实了自己的地位。此外，该公司在面对雅虎和亚马逊等竞争对手时，没有直接应对挑战，而是首先保持住自身的平衡。

掌握平衡原则的关键就在于学会利用对手的进攻并把进攻的势头引向别处。当你既无法回避又不能抵抗住对手的攻击时，你要尝试引导对手的进攻让其改变方向。例如，当宝洁公司要把 Drypers 公司赶出一次性尿布市场时，Drypers 公司就是运用这种技巧挫败了宝洁的计划。宝洁公司向得克萨斯州的消费者发放大量的优惠券，而 Drypers 公司无法抵挡宝洁公司的这种推销攻势。Drypers 公司的战术就是坦然接受宝洁的优惠券，即宝洁的赠券同样可换 Drypers 的产品。结果，宝洁公司散发的优惠券越多，Drypers 公司卖出的一次性尿布就越多。

总之，当你被攻击时，移动和平衡给了你最好的转移或生存机会。通过避开直接对抗，你可以和实力是你几倍的对手抗衡。当然，除非你在进入市场时已经具有压倒性优势，否则这些原则不太可能独自发挥作用。要获得长久的胜利，你通常需要把你的对手压倒在垫子上，这意味着你要找到可以利用的杠杆。

原则三：杠杆借力

杠杆借力的关键就在于确定对手最看重的是什么，然后迫使他在损失自己的资产和应对你的攻击之间进行选择。大多数企业会认为第一个选择是不可接受的，只有在付出痛苦、高昂的代价之后，才会同意缩小自己的市场。所以，你可以通过这种方式，利用对手的资产、规模和实力来牵制他，打击他。

在第 4 章中，我们分析了三种战术，这将有助于你找到对手隐藏在实力后面的弱点。

- 利用对手的资产
- 利用对手的合作伙伴
- 利用对手的竞争对手

所有这些战术都可以帮助你把对手的优势变成劣势。例如，英国免费服务网络公司（Freeserve）之所以能够在英国互联网服务市场占据领先地位，就是因为利用了美国在线在品牌、内容和客户服务方面的投资及赢利渠道。这家公司创建了一个新的业务模式，能够提供免费的互联网接入服务，这样就迫使美国在线做出一个痛苦的选择：要么和英国免费服务网络公司竞争，失去高利润、高收益的核心业务；要么坚持自己的战略，市场份额下降。

同样，嘉信理财（Charles Schwab）也是利用杠杆借力原则削弱了竞争对手的优势。通过创建一个免费的一站式共同基金，嘉信理财将富达集团（Fidelity Investments）置于一个两难的境地。

对于富达集团来说，和嘉信理财的竞争意味着增加对手的基金，减少自己的销售额。但是，如果富达集团不回应嘉信理财的攻击，它就会失去客户。最后，富达集团和嘉信理财开始竞争，但没有撼动嘉信理财的地位。因此，嘉信理财充分利用了杠杆借力原则，在共同基金市场上持续保持领先地位。

本书概述

正如以上案例所揭示的，柔道战略提供了许多不同的击败竞争对手的战术。因此，我们借鉴新旧经济行业的例子来阐述尽可能多的战术。第一部分，从第 2 章到第 4 章，介绍了柔道战略的原则。在每一章中，我们都要探讨一些企业如何成功地运用（或有时失败地运用）移动、平衡和杠杆借力的技巧来增强自己的优势。此外，我们也总结了这些企业使用柔道战略的经验教训。当然，这些总结不能被看作对柔道战略多种形式的最终诠释。相反，我们希望你能够借着这些例子的提示开始考虑怎样在自己的企业中运用柔道战略。

在本书的第二部分，我们换了一个角度来讨论柔道战略。第 5、6、7 章介绍了一些柔道战略高手。他们不仅明里暗里接受了我们在本书中的观点，并且已经在强手如林的竞争中建立起了茁壮成长的企业。

第 5 章介绍了运用移动原则的两个高手：奔迈计算机公司的杰夫·霍金斯和唐娜·杜宾斯基。他们的故事证实了在走投无路的情况下移动原则的巨大作用。奔迈利用移动原则争取到了掌上电脑的竞争空间，并且迅速发展起来，而微软 5 年后仍在努力追赶。

第 6 章介绍了运用平衡原则的高手——瑞尔数码公司的董事长兼 CEO 罗布·格拉泽，第一个把流媒体音频和视频连接到互联网上的人。5 年多来，他把一个小公司发展成一个行业领先企业，抵御住了来自世界上最大的软件公司微软的多次攻击。与本书中提到的许多公司一样，瑞尔数码公司的最终命运依然未定，这就是在经济快速发展的时代快速崛起的代价。不管怎样，第 6 章中介绍了这家公司如何成功地使用平衡技巧来巩固地位，发展实力。

第 7 章介绍了两个杠杆借力大师：CNET 网络公司富有远见的创始人哈尔西·米纳和沉着冷静的董事长兼 CEO 谢尔比·邦尼。两人带领公司和两个资产达数十亿美元的对手——齐夫－戴维斯（Ziff-Davis）媒体集团和美国国际数据集团一决高下，并用杠杆借力原则迫使其在让出市场份额和削弱核心业务之间做出选择。结果，到 20 世纪 90 年代末，CNET 已成为在线出版技术领域无可争议的领导者，而且在 2000 年 7 月收购了齐夫－戴维斯集团的网络部门。

第三部分重点介绍了两个相关的主题：反击和追击。在第 8 章中，我们探讨了对付柔道大师的不同策略，包括更多更有效的柔道移动技巧及相扑战略。相扑战略是一种新的竞争风格的隐喻，指充分利用一个企业的实力和规模打败对手。依据美国司法部发布的文件，我们介绍了微软公司如何结合柔道战略和相扑战略打败网景通信。第 8 章的结尾有一个警示：相扑大师经常遇到面对面的风险，即企业会遭遇力度更大的反垄断法，因为它是由政府通过法院强制执行的。因此，我们使用了英特尔的一个小案例，说明一些强大的企业可以使用的战术。运用这些战术，大企业可以尽量减少反垄断诉讼的威胁，并且做到掌控自己的命运。

第 9 章以柔道战略应用指南结束本书，帮助对商战感兴趣的读者了解柔道战略。我们分析了运用柔道战略的原则和一些战术细节。最后，我们探讨了一些最佳案例，以帮助你在自己的事业中成为一名柔道大师。

第一部分

柔道战略的原则

第2章

移动原则

不要引发攻击，划定竞争空间，争取快速发展

> 为什么英国舰队能战胜西班牙无敌舰队？因为它的船更小、更快、更灵活。
>
> ——吉姆·巴克斯代尔，网景通信前 CEO

分析柔道战略要从移动开始讲起。大多数柔道选手发现，在纯粹的力量较量中自己会处于劣势。任何市场都是由大企业掌控的，这些大企业拥有多年积累的客户，建立了与供应商、经销商的合作关系，能力一流，资本充足。但挑战者也有潜在的优势，它们虽然在市场中缺乏根基，但却有着更大的自由发展空间。技术高超的柔道高手可以利用这种灵活性，通过移动把动态竞争变成自己的优势。

柔道中的移动

移动是柔道比赛中的一项关键技能。顶级柔道选手能够利用自己的速度和敏捷性移动到相对有利的位置，同时还能避开对手

的控制。从裁判大喊开始那一刻起，一个柔道高手就会专注地占据最佳位置，以便发起最有力的攻击。相反，一个高手处于相对不利的位置时就会努力避免引起对方的攻击。一个谨慎的柔道选手在对手保持良好的平衡状态时是不会发起攻击的。

移动不仅是远离危险的方式，柔道高手也会通过移动来控制比赛走向——或者，就像一个奥运奖牌得主所说的那样，“把对手从他熟悉的比赛模式中牵引出来”。[1] 大多数冠军都有几个自己最擅长的技术，他们靠这些技术获得胜利。但是，当被迫进入一个陌生的竞技模式时，他们就可能会失手。一个柔道高手可以利用这一点来争取竞赛空间，以此迫使对手在现场适应新的花样。例如，柔道选手通过迫使一个善于远距离格斗的对手进行近身竞技，就可以破坏对手的平衡，从而占据有利的位置。

一个选手一旦获得初始优势或者好的开始，就必须快速进攻以控制形势。要赢得一场比赛，仅仅靠一项单一的技术往往是不够的。因此，柔道教练会训练学生连续攻击的技巧：连续不间断地移动，从一轮攻击转到下一轮攻击，直到把对手摔倒在垫子上。柔道比赛中，选手的动作要保持连贯，直到赢得比赛。在这样一项局势能在瞬间改变的运动中，如果选手的动作不连贯，稍做停顿就会导致致命的错误。

柔道战略中的移动

为了将柔道理论运用到企业竞争中，我们把移动的原则总结为三种战术。简单地说，第一，不要引发攻击。当你实力较弱的时候，你就应该避免引发更强的对手对你发出可能致命的一击。相反，你需要尽力减少引发对手攻击的可能性。这个战术会让你获得时间和空间。

第二，如果你可以快速移动进而争取竞争空间，规模较小就不再是一个缺点。用你的灵活性将竞争引导到对手难以施展的方向。用这种方式，你可以避开对手最有优势的地方，给自己创造一个竞争机会。

第三，一旦你利用前两种战术在市场中占据了位置，接着就要快速发展。通过划定或重新划定竞争空间，你可以领先于潜在的对手。但最终对手也会开始追赶，所以你需要充分利用已取得的优势，建立强大、稳固的地位。在许多情况下，这意味着你必须放弃第一种战术，因为当你开始扩张时，你想避免成为攻击目标是不可能的。在下一章中，我们将讨论一组有效应对竞争对手攻击的战术。但是，在早期的竞争中，重点应该是利用移动原则以便在未来的战斗中获得最佳的位置。

不要引发攻击

在任何形式的竞争中，无论是柔道还是商战，你的第一个目标是站稳脚跟。因此，当面对规模大、实力强的竞争对手，你的实力难以与之抗衡时，要避免挑起竞争。引起过多的不必要的关注是一个致命的错误，在那些成本居高不下的商业领域尤其如此。价格的下降会使竞争对手格外敏感，竞争者打击报复的实力——例如在某些市场领域开展价格战——会迫使竞争对手的边际成本保持在低位。柔道经济学模型显示，如果你的对手觉得反击有可能损害自己的整个企业，他可能会犹豫要不要反击，但是如果他有能力挑选目标开战，你最好静观其变，保持低调。

许多雄心勃勃的公司高管并不接受这一建议。人们常说，在闹市中，你必须要有大嗓门儿别人才听得见；要想赢得顾客并且创造价值，你就必须进取。但这往往意味着要和强大的对手针锋相对。要在市场上造成影响，你确实需要吸引顾客的注意力，赢得顾客与合作伙伴的信任，有时还要有媒体的关注，尤其是在网络效应很强的市场和行业。[2]但是在大多数情况下，你完全可以在避免受到正面攻击的情况下实现这个目标。

柔道战略建议实力较弱的挑战者尽可能地不表现出自己的攻击性，不要让对手注意到自己。为了强调低威胁的重要性，我们借用经济学家德鲁·弗登伯格和让·梯若尔的“小狗策略”解释一下这个战略。[3] 这种形象可能不够严肃，但做出小狗的姿态可以为你赢得时间来加强自己的实力。请看下面的三个例子。

全美达公司：低调行事

如果你不想成为被关注的焦点，那最简单的战术可能就是像全美达（Transmeta）那样低调行事。全美达初创于 1995 年，这家神秘的芯片设计公司不对外公开联系方式，而且人们在访问它的网站时会发现“您访问的网页不存在”。处于这样一个普遍高调的行业中，全美达甚至拒绝回答关于其发展计划的最简单的问题。

具有讽刺意味的是，硅谷多年来对于全美达的保密措施有各种议论。全美达越是试图保持自己的神秘，就有越多的局外人希望加入进去，特别是当他们得知 Linux 操作系统的开发人林纳斯·托瓦兹也加入了全美达团队时。保持沉默的全美达什么也没说就成为炒作最凶的初创企业之一，即使《红鲱鱼》（*Red Herring*）杂志的编辑承认他们对它的业务知之甚少，全美达还是位列 1998 年《红鲱鱼》杂志全球 100 强排行榜。

2000 年 1 月，全美达终于透露公司已经开发出系列微处理器，只需当时英特尔芯片能耗的几分之一就能运行 Windows 和 Linux 应用程序。这意味着，它设计的克鲁索（Crusoe）芯片能够应用于笔记本电脑和其他便携式设备，因此这个市场有望迅速扩大。全美达还解释了该公司四年半来保持沉默的原因。其品牌开发部主任弗兰克·皮斯卡罗说："我们面对着一个强大的竞争对手——英特尔。"[4] 如果全美达过早地暴露在聚光灯下，英特尔有可能推出一个与全美达竞争的产品，从而导致全美达的创业前景一片暗淡。英特尔至少会通过公关活动来压制全美达。因此，该公司坚持低调战略，直到管理层认为自己的产品已经成熟，可以与英特尔抗衡了。

在很大程度上，这个战术奏效了。虽然英特尔知道全美达在开发某些技术，但英特尔的微处理器业务负责人保罗·奥特里尼说："我们也不知道他们正在做什么，直到全美达发布声明，这真是一个不折不扣的秘密。"[5] 全美达一现身就表现出一副不鸣则已、一鸣惊人的样子。来自美国各地的分析师和记者被邀请到位于加利福尼亚北部的一幢别墅中，参加了为期一天的克鲁索芯片发布会。在接下来的几个月里，全美达在媒体上利用一系列的头版轰炸获得了广泛的关注。此前参与全美达投资的网关公司和美国在线都同意使用新的克鲁索芯片配置的网络设备，包括索尼和 IBM（国际商业机器有限公司）在内的几个大的电脑制造商都宣布计划在年底发布配置克鲁索芯片的笔记本电脑。

如果全美达继续保持低调，它可能会做得更好。克鲁索的高调亮相在带来了一些重要合同的同时也迫使英特尔做出回应。数月内，英特尔推出了有竞争力的产品，原来全美达的支持者，包括 IBM，都把和全美达合作的计划搁置了。尽管如此，全美达的势头依然不减，到首秀之后不久的 2000 年 11 月，公司的市值已近 60 亿美元。

第一资本银行：在雷达盲区飞行

正如全美达的经历所表明的，小狗策略是一个初创公司的关键一招。然而，一些成熟的企业也可以使用这个战术来保住有价值的市场。美国第七大信用卡发放机构第一资本银行就成功地使用了这一战术。第一资本银行的前身是弗吉尼亚里士满 Signet 银行的信用卡部。1989 年，前顾问理查德・费尔班克和奈吉尔・莫里斯两人领导成立了第一资本。5 年后，这个部门从银行独立出来。

费尔班克和莫里斯是基于一个简单的想法开始这项业务的：利用信息技术改革信用卡业务。第一资本先收集了客户的详细信息，然后为了给客户提供相应的产品，他们测试了数百次，甚至数千次。通过大规模的测试和严谨的分析，两人找到了新的客户群，并将产品风险降到最低。

这一战略的成功取决于公司能够避开像花旗银行这样的行业巨头，尽量不让这些大企业针对自己有所举动。一旦其他竞争者开始模仿其产品抢夺客户，第一资本的回报率势必迅速下降。所以费尔班克和莫里斯使用了小狗策略。就像一位公司前高管解释的那样："第一资本非常注重保密，也非常低调。每当我们推出一个新产品，我们从来不做高调推广或者开展大型公关活动。我们从来不公开庆祝成功，我们只在内部庆祝。我们甚至不会告诉万事达信用卡和 Visa（维萨）信用卡我们正在做什么。"

第一资本银行不采用醒目的广告引发行业关注，而是采用电话或者邮件游说的办法来争取顾客。竞争对手可能会看到它的邮件，但"他们永远无法理解产品背后的战略"。这位前高管说："例如花旗银行，将永远不知道我们是在做一个测试还是调查。除非我们告诉他们我们在做什么，否则他们永远不会知道我们的目标客户是谁。因此，我们尽量保持在雷达盲区，不引起他们的注意。"

直到 2000 年，第一资本银行才放弃了小狗策略，转向传统的高调的消费者营销策略。然而，公司早期的产品大多数仍然是秘密，因此它的优势还是很明显的。[6] 第一资本银行在充分利用信息技术的同时不放弃博弈，用了不到 10 年的时间就成为美国最大和最赚钱的信用卡发卡行。

边疆航空公司：跟随竞争对手定位

前面的例子说明，小狗策略比较适用于商业秘密起着重要作用的行业。但是，如果你在航空业这样的行业中参与竞争，像在哪里飞、什么时间飞、机票价格多少这些关键的细节不可能不让你的竞争对手知道，但这并不意味着你不能用小狗策略。相反，你应当学习一下边疆航空公司（Frontier Airlines）温文尔雅的 CEO 山姆 · 艾德姆斯的经验，学会与你的竞争对手并肩而行。说白了，就是不正面竞争，让对手更容易忽略你的威胁。[7]

1989 年，经营了三十几年的边疆航空公司和人民捷运航空一起被并入美国大陆航空公司。新的边疆航空于 1994 年从丹佛开始运营，6 年后成为丹佛国际机场的第二大运营商，占据了该机场 7% 的市场份额，但没有构成对美国联合航空公司的直接威胁，因为美国联合航空的乘客是边疆航空的 9 倍多。尽管如此，边疆航空还是从 20 世纪 90 年代激烈的竞争中脱颖而出，成为枢纽区域唯一成功与大型航空公司形成竞争的初创企业。

边疆航空的战术是仔细定位以避免引发联合航空的怒气。因此，边疆航空公司在关键领域如时间调度和定价上没有表现出很大的威胁。艾德姆斯很青睐一种被他称为“打擦边球”的战术：在联合航空的主要航线上，边疆航空只运营数量有限的航班；[8] 边疆航空公司的线路安排都不在联合航空的主要区域，避免给人留下一个它想染指长途飞行的印象；[9] 边疆航空公司密切关注票价，力求为客户提供更便宜的价格，同时又不会引发无法打赢的价格大战。相比之下，在丹佛国际机场运营的另一家初创公司——西太平洋航空，1997 年就以价格为主要武器与联合航空展开竞争。当那些大航空公司反击时，西太平洋航空被迫宣布破产，而边疆航空也不幸被卷入竞争，最后好不容易才生存下来。

艾德姆斯指出，没有一家公司能完全不让竞争对手察觉。他认为："不可能避开雷达。我们的所有举动及每一家航空公司的所有举动不仅完全暴露在众目睽睽之下，而且会受到每一个竞争对手的关注。如果有建议说可以让你的行为不被别人看到，这是不可能的，简直就是天方夜谭。"[10] 尽管有这些局限性，但很显然，艾德姆斯掌握了小狗策略的本质，正如他所说的，"你必须知道其他人的立场是什么"。[11]

边疆航空面对联合航空的压制而获得成功的关键就是避免引发危机的能力。

两个警示故事

许多忽略这些暗示的初创航空公司已经退出该项业务。一个值得注意的例子是美国人民捷运航空，1981 年，它在繁忙的东北航线上提供廉价服务。人民捷运航空占据的是从纽瓦克国际机场到一些较小城市的航线，如哥伦布、布法罗和弗吉尼亚的诺福克。[12] 雄心勃勃的初创公司很快就在客流最多的航线上以最低价格挑战大型航空公司：19 美元到波士顿，59 美元到芝加哥，99 美元由大西洋沿岸至太平洋沿岸。同时，人民捷运航空展开了积极的营销战。航空公司的创始人唐纳德·伯尔回忆道："我们到处告诉大家我们将把事业做大，最终将征服世界。"[13]

各大航空公司的反应是可想而知的，相当迅速。1984 年，人民捷运航空进入芝加哥时，联合航空和美国航空开始打价格战（当然有一定限度），它们都提供免费的行李托运、选座、膳食和杂志服务，这些都是人民捷运航空所不具备的。来自人民捷运航空的挑战也促使竞争对手降低自身成本。最后，这些大公司促成的一系列价格大战榨干了新兴航空公司的利润。几年后，人民捷运航空被大陆航空收购。于是，这家历史上增长最快的航空公司消失得无影无踪。

人民捷运航空没有采用小狗策略，而是选择"戏弄巨人"的做法。一个网景通信的高管曾用这个词来描述自己的公司和微软之间的竞争行为。[14] 就像人民捷运航空一样，网景公司从一开始就把自己当成和大公司针锋相对的巨人杀手。尽管公司还很弱小，公司的联合创始人吉姆·克拉克和马克·安德森抓住一切机会和微软正面交锋。1995 年春天，克拉克在一个行业会议上把微软称作"死亡之星"，提出网景通信是反抗军联盟，要解放银河系。同时，24 岁的安德森还很轻率地告诉记者，网络的崛起使微软的

Windows 已经过时了，Windows 不过是“一个平常的不完备的驱动程序”。他经常使用这类词来形容微软。[15]

这个野心勃勃的定位扩大了这家初创企业在这场竞争中的知名度，一度让网景的财富得以飙升。但是克拉克和安德森对微软的嘲讽促使盖茨更加重视与英特尔的合作，并且把网景作为微软的头号敌人。

不引发攻击（小狗策略）

- 保持低调，不要泄露自己的机密。
- 与竞争对手并行，而不是正面攻击。
- 不要戏弄巨人，除非你不想活了。

划定竞争空间

小狗策略是基于防守的策略，下一步则要发挥进攻技术的作用。企业的目标不再只是生存下来，现在你要通过制定规则、参数和竞争界限来抓住优势。亚当·布兰德伯格和巴里·奈尔伯夫曾经说过：“成功来自对的竞争方式。”[16]

网景通信前 CEO 吉姆·巴克斯代尔（Jim Barksdale）同样也意识到了这一点。他说：“熊和鳄鱼打斗的结果是由地形来决定的。”[17]这两种动物在自己的地盘上都是凶猛可怕的形象代表，但熊在沼泽里只会挣扎，而鳄鱼在陆地上就毫无优势可言。因此，在一场战斗中，势均力敌的两者只有在有利于自己的自家地盘上才能获得胜利。

对于挑战者来说，规则是明确的：通过移动战略让战斗远离竞争对手的地盘，迫使他们以新的规则来竞争——实施新的标准，寻找新的客户，开辟新的销售渠道，引入新的合作伙伴，划定一个你占据主动的竞争空间，并在强大的对手进入之前争取成功。大多数冠军在一些关键环节上表现得比任何人都要好，才获得了成功。如果在一个强大的对手最擅长的领域与其竞争，那这场竞争你注定要失败。但是每一个冠军都会由于过于关注优势而出现弱点，你要利用这些弱点确定一个自己能够获胜的竞争空间。

巧妙地应用这个战术会产生双重功效。移动到新的地盘，你可以让竞争对手失去地形优势。在这个意义上，划定竞争空间和小狗策略异曲同工。你不要去攻击对手的核心，只在周边移动，选择一条你的竞争对手可能一开始会忽略的进攻路线。但是一旦敌人醒悟过来，两种战术之间最大的不同就很明显了：强大对手在他自己的地盘上能很轻易地把挑战者打败；而在陌生的地盘上，即使面对同一个挑战者，他也必须奋力反击才行。[18]

从长远来看，实力强的对手会及时调整战术并学会运用新规则参与竞争。但是在短期内，掌握新战术则可以削弱他们的力量，减缓他们的速度，正如下面的例子一样。

财捷集团：转变模式

根据对手的情况和你面前的机会，你可以采取多种形式争取竞争的空间。例如，财捷集团通过重新界定产品标准而一跃成为行业领袖。20世纪80年代，当时财捷集团凭借个人理财软件进入市场时，一个成熟的模式已经形成——功能最多的软件永远最受青睐。安迪·托比亚什的“管理你的财富”（Managing Your Money）软件占据了70%的市场。由于它比竞争对手“金钱与理智”（Dollars and Sense）软件的功能更多，所以成功地取而代之；而后者则比那些被它挤出市场的对手功能更为强大。

财捷集团在这些规则下没有任何机会。曾是贝恩（Bain）公司顾问的斯科特·库克在开始用自筹资本创办这家公司时，只聘请了一名大学生汤姆·普洛克斯写代码。公司总计只有7名员工，以及库克从家人和朋友那里筹到的15.1万美元资金。在这种情况下开发出的软件根本不可能超过“管理你的财富”，甚至无法超过“金钱与理智”。所以库克甚至没有尝试去研发一个“更好”的产品，但是他研发了“正确”的产品。库克解释说：“‘快速’是当时已有软件范式的反义词，因为那时‘更多的功能’更受欢迎。我们没有重复做其他软件已经做过的，所以我们的功能列表很短。但我们所做的事情又恰恰是人们一直想做的，像写支票、登记支票、与银行对账等，我们的产品非常快速而且直观。”在媒体上推出自己的 Quicken 理财软件的同时，库克带着他的康柏电脑从一个城市赶到另一个城市的记者办公室，让他们试着用不同的软件打印支票。试了 40 多次，没有一个人学会使用“金钱与理智”，但是使用 Quicken 时，支票很快就会弹出。库克说：“一般只需要 4 分钟，还有一些只需要 2 分钟。”

库克的秘密武器来自他的经历。加入贝恩公司之前，他以哈佛大学 MBA（工商管理硕士）毕业生的身份加入宝洁公司工作了 4 年。他把自己在宝洁学到的东西带到了财捷集团：通过研究来了解消费者，研究、开发、生产消费者真正需要的产品，然后进行大量的可用性测试。库克解释道：

> 我们当时没用“可用性”这个词，因为那时它还没有被发明出来。
>
> 但我们是第一批利用现实客户测试软件的人，我们带给消费者谁都没有见过或用过的软件。然后只要他们发现问题，我们就来修正。以前从没有人做过这样的事。
>
> 软件产业的基本模式是你为企业开发产品，人们通过试用产品来获得报酬，所以可用性不是很重要。我们把消费者模式——宝洁公司模式，引入了这个行业。

通过改变规则，财捷集团给竞争对手制造了相当大的困难。没有一个市场领导者能够应付财捷集团的挑战。“管理你的财富”试图通过引入一个新的、价格较低的服务来竞争（Quicken 的价格是 99 美元，而“管理你的财富”的价格是 199 美元），然而失败了。“金钱与理智”软件同样失败了。库克回忆说：“后来我和‘金钱与理智’的经营者谈了谈，他说，‘我们以为你做的是物美价廉的软件，完全没想到背后有什么深意。’直到我们占据了 70% 的市场份额，他们仍然没有做到我们所做的，这就是模式的力量。如果你被一个模式禁锢住，就真的很难从其他的角度看世界。”

几年后，财捷集团使用相同的战术打败了微软，尽管微软迫使财捷进入基于 Windows 操作系统的小企业会计软件市场的时间从 9 个月延长到一年。会计软件一直以来都是按照账簿形式设计的，但库克在开发 QuickBooks 时决定做一些改变。库克解释说：“绝大多数小企业没有会计人员，他们不懂财会，也不想学习。他们需要保存账簿材料，但他们讨厌会计。所以我们开发了第一个不用做账的财会软件。”在 QuickBooks 的账本上没有借记或信贷，没有日记账或分类账，财捷集团设计的产品就像让你“与会计面对面地工作”。5 年之内，微软及财捷集团的其他竞争对手都没能模仿并超过 QuickBooks。“通过改变模式，”库克强调，“我们能够在一个月内推动 QuickBooks 占据市场领先地位。”

相对于微软，财捷集团规模小、起步晚。库克回忆说：“当我们针对 Windows 推出 QuickBooks 的时候，我们击败了微软，迫使它的小企业会计软件退出了市场，而且再也没有卷土重来。”的确，比尔·盖茨对库克极尽赞美之词。直到 1994 年，盖茨不想再继续竞争，想要收购财捷集团，但是美国司法部否决了这笔交易。

瞻博网络：步步为赢

瞻博网络也通过划定竞争空间而获得巨大胜利，但这个年轻的网络公司在面临着一个更大的市场时采取了略有不同的做法。瞻博网络不是设定整个市场的新标准，而是占据主要的竞争对手思科系统相对较弱的高端市场。像许多大型公司一样，思科一直肩负着给所有的客户提供所有服务的任务，几乎没有其他公司可以将这样的工作做好。瞻博网络找到了成功的关键，即开发了一款思科很难与之竞争的高性能产品。因此，瞻博网络成为有史以来第一个从思科路由器市场攫取重大份额的公司。

路由器是互联网的交通警察。在每处网络的边缘，都由路由器对传入和传出的数据进行分类并决定其去向。路由器操纵着从公司内部的局域网到互联网等各种类型的网络。20 世纪 80 年代中期，思科研发了第一个路由器，公司的目标是使用多种传输协议帮助客户把不同类型的电脑如苹果、IBM和DEC等联系在一起。然而，直到互联网爆炸的20世纪90年代，路由器和思科才得到应有的重视。

当思科于1990年上市时，其年销售额约为7 000万美元。1996年，公司的收入超过了上市时的50倍，其股价已经飙升了100倍。[19] 在CEO钱伯斯的带领下，思科已经开始通过积极的收购活动进入多样化的产品领域，但路由器仍然是其核心产品。包括3Com和Wellfleet通信公司在内的几家公司都试图进入思科的路由器市场，但没有一家公司成功，直到1998年的秋天，瞻博网络出现。

瞻博网络公司的CEO斯科特·克林斯（Scott Kriens）巧妙地判断出竞争对手的失误之处。“他们想将同一个应用程序卖给同类型的客户群，即卖多协议路由器给企业客户。”他认为，“无论你多么有能力，这都是一个艰难的过程。”克林斯已经将他以前的公司StrataCom卖给了思科，他很了解怎样才能直接打击思科最看重的子市场。所以，瞻博选择了另一条攻击路线，克林斯解释：

> 我们有针对性地进入高端市场。我们的进入战略是最大限度地赢得互联网的主要网络。我们曾目睹过几家公司试图从一个较低的起点进入市场，然后再尝试进入更高的环节与

> 更强大的对手抗衡。这种战略从根本上说是有缺陷的。所以我们觉得一旦有机会，就要进入高端市场，这样既没有遗留问题也没有包袱，更不需要去支持较低端的业务。如果成功，还可以自上而下地开展业务。

公司认为，主干网市场是一个独立的市场，并不是企业市场的高端。瞻博网络计划通过优化路由器，满足如 UUNET 集团和美国电话电报公司（AT&T）这样的大运营商和互联网服务供应商的需求，以此占据市场。“瞻博网络百分之百地专注于互联网应用和互联网主干网，”克林斯解释说，“我们不想和思科做一样的东西来和思科竞争。我们只是对争取同一客户感兴趣，但是我们做的东西从架构上来说是非常不同的。”

“思科的产品，”他继续说，“是为了解决几十万台不同计算机之间的通信问题。这和只用一种称作‘IP’的格式或协议连接互联网上的 10 亿人完全不是一回事儿。”此外，瞻博网络采用了一种不同的方法处理数亿网民上网产生的巨大负荷。思科依靠软件使其路由器工作，而瞻博网络专注于增强底层芯片的智能化。克林斯指出“软件和硅片是截然相反的”，并通过分析两者的截然不同之处来说明瞻博网络已划定了自己的竞争空间，而思科很难在这个领域与其竞争。

当然，思科也有所反击。尽管如此，瞻博仍然继续专注于自己界定的市场。在2000年中期，公司战略已经得到回报。瞻博推出的首款产品M40路由器每秒可以处理4000万个数据包，是思科顶级机器的10倍。两年后，瞻博占据了30%的高端路由器市场，十大互联网骨干服务商中的九个使用了它的路由器。[20]公司创始人普瑞迪普·森德（Pradeep Sindhu）宣布："这是瞻博的主场。"虽然还处于早期，但瞻博网络的势头显然是非常强劲的。[21]

英克托米公司：开拓市场

瞻博网络和财捷集团都是成功重新界定竞争空间的典范。相比之下，英克托米公司（Inktomi）先是创造了互联网缓存市场，然后运用第一个进入该行业的优势，在强大的竞争中占据了领先地位。

1996年2月，美国加州大学伯克利分校的计算机科学家埃里克·布鲁尔（Eric Brewer）和保罗·高塞尔（Paul Gauthier）成立了英克托米公司。5个月后，一位曾帮助过美国赛贝斯公司上市的空军老兵戴维·彼得施密特（David Peterschmidt）成为公司的CEO。布鲁尔和高塞尔开发了并行计算平台，利用多个工作站提供超级计算。1996年5月，他们开发的第一个应用程序是HotBot搜索引擎。搜索引擎是一个不错的产品（后来英克托米授权给微软和雅虎这样的公司），但彼得施密特想要更多。加入该团队不久，他为整个公司的 12 名员工组织了为期 3 天的场外会议，提出英克托米公司的任务就是重新定义自己要开发的产品，帮助互联网规模化。

公司的第一个任务就是推出互联网缓存服务器。缓存服务就是将人们浏览过的网页保存下来以便日后需要时访问，减少互联网堵塞，减少人人厌恶的“全球等网”现象。当微软和网景通信已经出售缓存服务器时，英特尔的缓存服务器直到 1996 年才进入市场。彼得施密特回忆说：“开发搜索引擎的工作让我们发现约 60% 的网络传输内容是多余的。我们想，如果能从网络中把多余的内容去掉，就会节省大量的带宽和费用。”英克托米的首席运营官理查德 · 皮尔斯说：“每个人都明白，如果开发了这样一个产品，并成功地运用，就会带来巨大的好处。”

英克托米公司认为英克托米交通服务器是解决互联网缓存问题的最佳方案。但强大的竞争对手另有想法。思科公司很快开发出缓存应用——一个黑盒子，互联网服务提供商（ISP）可以将它插入它们的网络插槽。彼得施密特说：“我们在 1997 年夏天曾与思科接触，只要我们开始谈论我们正在做的产品，他们就表现出抵触情绪。显然他们很不喜欢我们的讨论。我们得出的唯一结论就是，他们明显是在市场上看到了同样的需求，并可能在尝试着要开发某种产品参与竞争。”

在某些方面，思科的解决方案看上去顺理成章。“黑盒子占据了市场，大家喜欢黑盒子。”皮尔斯回顾说。但是如果英克托米公司按照思科的思路来竞争就根本没有取得胜利的机会。这家公司取得胜利的法宝就是先发制人，先在市场上站稳脚跟，然后再占据市场。

当时，很少有观察家觉得英克托米公司能赢。1997 年的秋天，英克托米和思科都进入了市场，彼得施密特回忆说：“我记得人们向我走来，跟我说，‘你们死定了。思科刚刚宣布要进入你们的市场’。”不过令每个人都惊讶的是，英克托米公司先是和美国在线这样的大客户签署了一些合同，随之快速占据领先地位。英克托米公司显然受益于竞争对手的失误：思科的缓存服务器广受批评。但是英克托米公司自身的战略对其成功也有着至关重要的作用。

英克托米公司设计了一款通信服务器作为应用平台，允许其他公司利用这个平台开展服务，例如滤波技术可防止色情内容出现在用户的屏幕上。把开发平台当作竞争空间，而不是一个应用程序，通信服务器有能力提供比思科的黑盒子更多的功能。“这和应用程序有巨大的区别。”彼得施密特解释说。此外，通过启用第三方开发的配套产品，英克托米能够利用其他公司的资源来增加其平台的价值。这一点尤为重要，因为当时的情形是“我们很清楚自己是小牧童大卫，思科是巨人歌利亚”，皮尔斯回忆说。

两年半之后，网络缓存市场依然保持高度活跃，新的挑战者像阿卡迈（Akamai）技术公司追随英克托米公司进入市场，试图重新定义规则。但英克托米公司仍然坚守在已开拓的核心市场上，直到 2000 年中期还占领市场的一半份额。[22]

划定竞争空间

- 通过重新定义市场标准改变竞争模式。
- 细分市场，抓住成功的关键。
- 凭借先发优势建立一个市场并自己制定规则。

争取快速发展

前两个战术的组合为你赢得了时间和空间。为了充分利用这样一次机会，你必须向对手发起连续的攻击以确立自己的领先地位。很快——如今变得更快了——对手就会意识到你的威胁。刚开始他们可能还摸不清头绪，跌跌撞撞，但有些对手很快就会适应新的形势。他们一旦站稳了脚跟，就会充分调动起自身的规模和实力优势。你必须在这种情况出现之前尽可能地稳固自己的位置。

速度显然是这个过程的核心，特别是在那些网络效应强大的行业。在这些行业中，规模、范围和学习扮演着重要的角色。在这种情况下，首先行动的企业可以获得丰厚的回报。关于速度的关键问题不是“为什么”，而是“怎么做”：你如何最有效地利用资源，快速跟进？你如何快速建立内部资源？你怎样找到创造性方法来吸引外部的资源？例如，英克托米公司采取的策略是允许第三方在其平台上增加价值，利用别人的能力来巩固自己的领先地位。正如我们下面所讨论的，艾瑞柏（Ariba）公司也使用类似的策略来缩小自己和竞争对手之间的资源差距。

除了速度之外，还有一些其他的关键问题，如产品质量、客户满意度、长期赢利能力等。对柔道大师来说，速度是一种方法而不是结果。快速跟进的意思是快速移动但不是过度扩张或失去平衡。如果你的资源配套跟不上，你的软肋会减弱你的抗击打能力，许多新经济公司都很清楚这一点。

艾瑞柏公司：加快扩张

艾瑞柏公司是B2B（企业对企业）电子商务软件市场的最初领导者之一，前期在快速发展和控制方面表现出了高手的几个共同点。1996年，该公司在成立不到4年的时间里已经领先竞争对手，例如数据库强手甲骨文公司和一起出道的同行初创企业第一商务。艾瑞柏公司的业务重点是：迅速领先，建设一个具有成长性的团队。

为了快速发展，艾瑞柏公司首先选择了一个相对集中的市场，而没有冒险把资本摊薄。公司拒绝了一个好高骛远的方案——从一开始就建立一个完整的电子商务市场。相反，艾瑞柏公司谨慎地采取了逐步推进的方法，逐渐实现目标。

艾瑞柏公司的第一个目标是买方采购系统。公司战略高级副总裁鲍比·林特解释说："所有具有历史意义的商业效应都是由买方开始的，我们称之为商业的黄金法则：谁拥有黄金（资本），谁制定规则。对于卖方来说，买家就像重力井，卖方会不由自主地被吸引，而且会不遗余力地想引起买方注意。"一旦艾瑞柏公司拥有大量的买家，它就可以开始建立和卖方的联系，最终建立市场和商业网络。通过这些步骤，该公司不仅可以不用冒任何运营和信誉风险，而且可以迅速在市场上占据一个位置。

同时，艾瑞柏公司的最高管理层要建立一个可以迅速迎接挑战并且能够快速成长的团队。该公司成立后开过一次场外会议，创始团队制定了公司经营宗旨、任务、价值观、团队规则、长期目标和战略。CEO 基斯·克拉奇（Keith Krach）博士和他的同事发现，只要公司一直保持较小规模，专注每一件事情，在开始的几年里公司的经营会很容易。但是一旦艾瑞柏公司规模扩大，让每个人同心协力将是一个巨大的挑战。

为了防止出现这种情况，一开始的一年半时间里克拉奇对每个新员工都要把关。随着公司的成长，全体员工会议和领导培训讲习班取代了一对一的方法。尽管公司在一年的时间里员工人数从

280 人增长到 1 500 人，艾瑞柏公司的人员培训仍然面向所有雇员。“我们和公司的每一个员工谈话，”林特说，“包括公司的接线员。”

艾瑞柏公司采用同样的办法来收购整合公司。因为成长模式不同，该公司不可能和甲骨文这样拥有本土资源的对手竞争。如果没有不可或缺的互补性技术和技能，艾瑞柏公司就会落后。然而收购进程对于许多快速发展的公司来说都是一个坎儿。整合不同文化、规章制度和人员这样的工作很容易使收购速度慢下来。

艾瑞柏公司从思科和通用电气的成功收购案例中吸取了经验教训，公司系统地采用了三个步骤来避开这些麻烦。第一个任务是确定正确的收购目标。除了和艾瑞柏公司的产品和技术计划相适应，这些公司还必须符合两个标准。林特说：“首先，我们感觉在文化上要有一定的契合；其次，我们还要看它们中是否有优秀的人才，每次收购都得提升我们公司员工的平均智商。”

每当确定下来一个可能的收购目标，艾瑞柏公司就确定一个高层管理人员负责收购的工作。“我们不会只是开个董事会并得到他们的赞成票，”林特说，“我们还要在公司内找到一个愿意承担整合任务的人。”一旦解决了这个问题，艾瑞柏公司就会按程序进行收购，并热烈欢迎来自被收购公司的每一个员工。“当第一次坐下来和被收购公司的员工交流时，我们会带他们回顾艾瑞柏公司的历史。”林特解释道，“我们向他们解释，当我们成立公司时，就决定让每个在艾瑞柏公司工作的人都像是创始人。他们有同样的地位，所有人都一样。”

“熊抱”式收购让艾瑞柏公司快速提升了内部能力。即便如此，公司也不可能事无巨细，面面俱到。林特说：“为此，我们很早就开始打造合作伙伴的能力。”“打造合作伙伴的能力”意味着开发工具、方法和培训系统，让加入艾瑞柏公司的其他公司的人员使用艾瑞柏公司的系统时不再需要开发人员手把手地指导。到 2000 年年中，艾瑞柏公司每月要为 IBM 这样的公司培训大概 1 500 名员工，IBM 承诺到 2000 年底要送 5 000 人到艾瑞柏公司接受培训。大多数开发商依靠经销商来销售和使用自己开发的系统，这种做法在软件行业中是司空见惯的。但艾瑞柏公司决定另辟蹊径以使开发过程更加顺畅。林特解释说：“现在每次安装软件，我们只需要一两个艾瑞柏公司的人参与，7 ~ 15 人来自我们的合作伙伴。相比之下，我们的竞争对手通常要派出自己公司的 50 个人，加上合作伙伴的 200 人才能完成任务。”这种差异反映了艾瑞柏公司赢得客户的能力。在 2000 年的前 9 个月，艾瑞柏公司宣布签署了超过 160 笔买方电子采购交易，而甲骨文公司只有 30 笔，第一商务为 40 笔。

2000 年底，随着 B2B 电子商务行业整体需求的下降，艾瑞柏公司面临新的竞争和挑战。时间会证明，公司的创始人为艾瑞柏公司奠定的基础是否能满足它未来的需求。尽管如此，林特和同事们通过抓重点、排顺序，以及在企业文化和合伙人能力上进行投资，已经成功地建立了一个发展最快的软件公司。他们足以为此感到自豪。

网景通信：速度陷阱

像艾瑞柏公司一样，网景一开始也是发展迅速的。1994 年 12 月，网景公司发布航海家浏览器，在网络浏览器市场用了 8 个月的时间就击败了微软。CEO 吉姆·巴克斯代尔曾担任过联邦快递的首席运营官，坚信在和微软、联合包裹服务公司（UPS）这样的大企业竞争时，速度和灵活性是至关重要的。他总是问："联邦快递一开始是如何与联合包裹服务公司和安邦快递公司竞争的？英国舰队是怎样打败西班牙无敌舰队的？因为它有更小、更快、更灵活的船。"[23] 在巴克斯代尔的领导下，网景公司实施了一系列创新的政策，积极向前推进。但它的故事也说明了另一个重要的教训：如果你发展得太快，就可能很难控制局势。

三项举措对于网景的增长起到了至关重要的作用。首先是一次在内部有争议的决定，浏览器"免费也不免费"。换句话说，新客户在免费试用 90 天后要想继续使用需要交 39 美元的费用，但网景没有制定相应的机制促使消费者付费。事实上，浏览器免费促成了采用率的飙升。航海家浏览器正式发布 6 个月后，到 1995 年夏天，超过 1 000 万人使用该浏览器。[24] 一年后，浏览器的使用客户群达到 3 800 万，成为世界上最受欢迎的个人电脑应用程序，领先于微软的 Office 软件和莲花软件公司的 Lotus 1–2–3 软件。

为了达到这一里程碑，网景不仅要让航海家浏览器非常廉价，还得让消费者很容易就能使用上这款浏览器。公司没有只关注零售和定点生产，而是转向网络。[25] 网景通信允许所有人下载浏览器，因此一夜之间将软件送到数百万消费者手中。此外，这一战略还有两个促进快速增长的好处。基于网络的"免费也不免费"策略的传播成本不高，因为节省了刻录、包装、寄送光盘的环节，还让网景加快了另一个重要的过程：在发布软件之前测试软件。

传统的软件测试一直是一个高度劳动密集型的工作，需要专业工程师和大量的测试人员。例如，微软起用了 40 万人测试 Windows 95。网景通信缺乏时间和资源从零开始安排类似的测试过程，但公司又一次利用了网络。1994 年 10 月，网景在网上发布了航海家浏览器的测试版。公司工程师完成了产品的大部分设计工作，但仍然有很多瑕疵需要处理。那些下载测试版的客户使用浏览器后会有各种抱怨，同时他们会在不知不觉中成为网景的虚拟质量保证团队。一个月后，150 万用户试用了航海家浏览器。卢・马图利是网景的首批研发者之一，他夸口说："我们可以发布一个测试版并得到即时的反馈，我们的测试周期只有几个星期，这是前所未有的。我们从百万用户那里得到数量惊人的反馈，很快就能把所有的问题找出来并且解决掉。"[26]

这些技术帮助网景产品研发周期缩短至 9 个月左右，而像莲花软件这样的公司发布新产品大约需要两三年的时间。但网景强调速度的同时也导致出现了一些有设计缺陷的软件或公司内部所说的“乱码”。1997 年，一个网景开发人员表示遇到许多挫折：“我们三年前就写了这个代码，其主要的目的是尽可能快地把我们带进这个行业中。我们一年前就应该停止发布该代码，它已经死了，早就该被收回来毙掉。”[27]

此外，随着网景的快速发展，其管理资源常常不堪重负。CEO 吉姆 · 巴克斯代尔决定进入一个更多样化的市场，以广度换增长，增加了管理团队的压力。但同时，公司未能充分地规划增长计划。这个失误在网景处理与潜在和实际合作伙伴的关系时表现得尤为明显。像英克托米公司一样，网景过分依赖独立软件开发者给自己的平台提升价值增强势头。但该公司很快就因其傲慢的态度和缺乏支持而坏了名声，这两个问题其实很大程度上都是由网景的迅速崛起引发的。

争取快速发展

- 有所侧重，有序发展，避免过度增长。
- 发展之前，内部要保持一致。
- 借助合作关系实现资源利用的最大化。

第 3 章

平衡原则

抓住你的对手，避免硬碰硬，推拉制衡

河边一棵很大的橡树被飓风连根拔起，落入一条小溪。橡树在水中看到岸边的芦苇，哭着说："我觉得很奇怪，像你们这样轻柔的身体，怎么没有被狂风摧折呢？"芦苇回答："很简单，因为你去和狂风抗争，所以你失败了。而我们都随风弯曲自己的身体，风从我们身上吹过，我们就能避免被摧折。"这个故事告诉我们，"弯了总比折了好"。

——伊索寓言

正如我们在第 2 章中所说的那样，移动原则可以帮助你避免与更大、更强的对手针锋相对。然而，最终你还是必须要面对竞争。就像在柔道比赛中一样，柔道战略教给你的是，如果你想赢就必须学会紧紧抓住对手。

理想情况下，你和竞争对手的第一次相遇在你的计划和预料之中。然而，实际上，你应该时刻准备迎接竞争。小狗策略、划定竞争空间和快速发展这些战术会让你赢得时间，占据一个立足点并且开始成长。但你的成长越快，规模越大，你就越难避开竞争对手的关注，而且你更有可能要面对一个强大对手的攻击。

要参与竞争并且生存下来，你必须掌握平衡的技能。正如那则

《橡树和芦苇》寓言里所讲的，当你面对强大的对手时，平衡和灵活性是必需的。当你比对手弱时，面对强大竞争对手，退一步保持住平衡往往是最明智的反应。但是我们不应该把让步和主动投降或放弃混淆在一起，让步是有目的的，即为了更好地重返战斗。

柔道中的平衡

练习柔道时要学习的第一项就是自然体，即自然稳定站立的姿势。在这个体式上，身体放松却做好了战斗准备。“身体保持稳定，不要跌倒。”一个柔道大师解释说，“因为四肢保持放松的话，就随时都可以行动。”[1]

通过保持身体的平衡，一个柔道运动员可以占据理想的位置，为发起攻击和迎接攻击做好准备。但是要想赢得比赛仅靠完美的姿势是不够的。为了取得胜利，你还需要破坏对手的平衡。如果一个运动员无法保持平衡，积极行动就根本不可能实现。通过破坏对手的平衡，你可以摧毁他的力量并且把他摔倒。

紧抓对手是动摇他的位置的第一步。这样做除了能够限制对手的机动能力外，还能更容易地感觉到他下一步的动作。因此，在比赛开始时，每个选手都要抓住对方的衣领或袖子。一旦选手感觉自己已经抓牢了，就会试图推动或拉动对方，破坏对方的平衡姿态。

接受这种训练必须遵循一个简单而违反直觉的规则。你不能和对手抗衡，而是应该退让一步，对手推时你就拉，对手拉时你就推。柔道高手拒绝硬碰硬，就是我们所说的避免针锋相对的方法。以力打力会耗尽选手的能量，影响比赛的进程。此外，如果一个柔道选手在对方推过来时反推过去，那他注定是要失败的。他把力量朝一个方向打出去时，就失去了灵活性，置自身于任对手摆布的不利局面。在这种情况下，比赛就由对手掌控了。

练习柔道的人一开始学到的不是保存力量和保持平衡，而是“让步”。但“让步”绝不是一个被动行为。一个柔道选手绝不是站在那儿不抵抗，被人推搡，而是始终保持警觉和活跃，时刻准备迎接对手的攻击。通过洞察对手的动向，一个老练的选手可以将强大对手的平衡状态打乱，让自己离胜利更近一步。

柔道战略中的平衡

将平衡隐喻运用到战略中意味着以下三种技术。第一，控制住你的对手。在大多数比赛的过程中，即使移动也难免有受到直接攻击的时候。成功带来的是知名度，最终即使是反应最慢的竞争对手也会发现你是一个威胁。这时你需要抓住主动权，并且决定如何去参与竞争。与对手（包括潜在对手）交手时，你可以先站稳自己的位置，再限制对手的活动空间，以应对对手的推迟、移动策略，甚至正面进攻。但当你接近对手时，要保护好自己并且确保自己的攻击节奏。毕竟你的主要目标是抓住你的对手，并且不要让他抓住你。

第二，即使你成功地抓住了对手，在某个时刻你仍然可能发现自己会受到攻击。在这种情况下，你的第一反应是要避免针锋相对。当与强大的对手竞争时，硬碰硬只能让失败来得更快。反击对手的每一个动作会把你击垮，让自己处于防御状态。如果把比赛当作一次力量的较量，这样你赢的可能性就微乎其微了。因此，不要被比赛拖垮，要保持进攻状态并且按自己的节奏回应对手的攻击。

第三，也许是最重要的，即学会顺水推舟。当面对一个强有力的正面攻击时，记住伊索寓言中橡树的命运，不要站在那儿“顽固地和风对抗”。如果你面对一股不可抗拒的力量，首先退让一步，然后利用这股力量，达到自己的目的。寻找方法来捕捉对手的动机，并根据你的需要加以引导。如果有机会就借助竞争对手的产品、服务或技术，并且接受他们的举动。这意味着你不仅仅避免了一场针锋相对的竞争，而且利用推拉制衡，你还可以利用杠杆借力（下一章的主题），即利用对手的力量来巩固你的位置。

一起运用这些平衡战术可以帮助你保存实力，节省力量。抓紧对手可以减少你被攻击的可能性，避免硬碰硬地对抗可以将对方的攻击性降到最小，推拉制衡帮你把对手的力量变成你的优势。这三种战术可以单独使用，也可以组合使用，以便发挥更大的作用。

抓住对手

参与竞争就是接受挑战，而且当对手掌握的资源比你的多时，这种挑战就更严峻了。但如果必须参与竞争，你最好按照自己的节奏来。想清楚你要从对手那儿得到什么，最理想的是在他们想出如何对付你之前，保证抓住对手。

抓住对手可以达到各种目的。提前抓住对手，你可以成功抢占先机，确保胜利，从根本上避开不必要的争斗。你可以与当前或未来的对手建立联系，限制他们的经营空间或者从他们那儿受益。例如微软，20 世纪 80 年代中期，通过为苹果电脑编写应用程序与苹果展开合作，紧紧抓住了对手。后来，微软成为苹果最重要的软件供应商，让比尔 · 盖茨赢得了巨大的讨价还价的余地。[2]（第 8 章我们要讨论这一点。）

可以用很多方法来控制对手。如果你想避免未来的战斗，就要通过合作、合资或股权交易等方式给潜在的竞争对手分一杯羹。例如，priceline.com 旅游服务网站为了防止达美航空公司推出竞争性服务就出售给达美航空公司一些股权。另外，如果你想限制对手的发展空间，减弱他们发展的动机，就给他们提供你的服务或产品。在 20 世纪 60—70 年代，几家日本消费电子产品公司就是这样做的。它们给美国大一些的竞争对手提供低端产品，并同意将这些产品以对方的品牌进行销售。在许多情况下，这些战术涉及现代战略术语“合作竞争”：和同一家公司既竞争又合作。[4] 请记住，抓住对手的真正目的不是让各方受益，而是保护和加强自己的竞争地位。

亚马逊：合作竞争 I

亚马逊是世界上最大的电子零售商，通过与竞争对手联手开展业务抓住了对手。亚马逊在玩具市场经过一年多的试水，和玩具反斗城（Toys“R” Us，全球最大的玩具及婴幼儿用品零售商）成为合作伙伴，经营联合品牌网站。虽然亚马逊并非类似案例的先行者，但公司高管充分利用这个机会抓住了强大的竞争对手，同时加强了公司对未来的掌控，除去了一个重要的竞争对手。

亚马逊于 1998 年底开始进入玩具反斗城的领域，一开始在礼品区（后来关闭了）销售少量的玩具，主要是棋类游戏。随着试水成功，1999 年 2 月，亚马逊开始计划推出全品类玩具店。尽管玩具行业和图书行业有很大的不同，但亚马逊的主管相信经营新领域是一个不错的选择。“经营玩具实体商店非常困难。”玩具部的总经理哈里森·米勒说。亚马逊已经把很多家庭尤其是妈妈们纳入其客户群。

在线玩具市场开始迅速饱和。新成立的电子玩具公司 eToys 在前一个假期的网上玩具销售中处于领先地位，1998 年最后一个季度卖出了 2 300 万美元。此外，一些知名度很高的玩具商，包括 KB 玩具、迪士尼（和 Toysmart 公司合作）及美国第二大玩具商玩具反斗城（仅次于沃尔玛），都开始采取网上销售模式。尽管竞争形势严峻，1999 年底，亚马逊还是成为仅次于 eToys 的第二大电子玩具零售商。在 1999 年的最后一个季度里，公司销售出价值 9 500 万美元的儿童产品，包括玩具、书籍、音乐和视频。米勒还强调说："亚马逊凭借可靠性赢得了这次竞争，我们直到 12 月 23 日才停止接受订单，到圣诞节前夕及时发送了 99% 的货物。"但圣诞季结束后，好消息越来越少。2000 年初，亚马逊注销了 3 900 万美元的库存，其中大部分是玩具。由于公司缺乏经验而且缺少客户数据，亚马逊在玩具市场的表现有些不尽如人意。

2000 年 2 月初，亚马逊接到玩具反斗城的 CEO 约翰·巴伯（John Barbour）的电话，他建议两家企业开展合作。亚马逊的第一反应是很谨慎的。米勒回忆说："当我们以互联网的速度发展时，人们会很轻易地说，'我们有一个计划，我们要实现它，这个计划很棒'。"然而，在米勒和同事们考虑巴伯的建议时，考虑到玩具反斗城是一个非常知名的品牌，拥有强大的购买力，能够给平台带来巨大的资源，他们觉得这个建议不错。就亚马逊而言，它只负责提供专业的电子商务网站开发、市场营销、履行订单和客户服务就可以。米勒在总结合作经济学时说："人们都会借助独特的优势获利。我们的规模让我们在订单履行、客户服务和电子商务技术方面有独特的优势。"

2000 年 8 月签订的十年协议对两个公司的责任进行了分工。玩具反斗城购买了亚马逊的库存（除了少量的特殊货品由亚马逊自己负责）。亚马逊管理联合品牌网站，负责客户服务和配送中心。收入归玩具反斗城，它支付亚马逊固定年费、交易佣金和不超过总收入 10% 的费用。此外，亚马逊还有机会向在线搜索玩具的客户销售其他产品。这样一来，即使面对像沃尔玛这样更强的竞争对手，亚马逊的地位也很稳固，尽管沃尔玛也经营各类在线商品。

关于合作伙伴关系的运作问题依然存在。对于亚马逊来说，玩具行业的物流费用是否过于昂贵？玩具反斗城是否情愿将销量很好的产品放到网上去卖而不是在自己的实体店卖？就平衡原则而言，观察家们认为亚马逊值得一试。据估计，亚马逊 1999 年的第四季度损失了 3 200 万美元，而合作业务让它在 2000 年同一时期赢利 1 200 万美元。[5] 同样重要的是，通过相互抓住对手，亚马逊和玩具反斗城都除掉了一个潜在的竞争对手。"5 年前，亚马逊是在杰夫·贝佐斯（Jeff Bezos）自家的车库里起步的。所以对我们来说，10 年真是很长的一段时间。”米勒说。

易贝：合作竞争 II

易贝的总裁兼 CEO 梅格·惠特曼也很善于抓住对手。惠特曼是一个聪明而且直觉敏锐的人，同时还是一个脚踏实地的管理者。她在贝恩公司、迪士尼、喜健步鞋业集团、FTD 和孩之宝都工作过。1998 年初，易贝和她进行电话联系的时候，她在孩之宝负责儿乐宝和薯头先生的管理工作。

惠特曼接受的最具挑战性的任务之一就是加入易贝后应对潜在的竞争对手。易贝的管理一直受到竞争对手的关注。从一开始，创始人皮埃尔·奥米迪亚（Pierre Omidyar）就担心门户网站或者现有的拍卖公司会排挤自己这个初创企业。为了尽可能减少这种危险，易贝下意识地采用了小狗策略，想要避开潜在竞争对手的注意。正如惠特曼解释的那样：“我们认为最好的情况就是，在人们真正明白发生了什么之前，我们已经获得了市场上的关键客户群。”

惠特曼一直密切关注着大量的公司，并且开始与 B2C（商家对客户）网上拍卖的先驱 OnSale 接触。垂直交易市场也引起了她的注意。“好像任何人都有大量的货源。”惠特曼说。当时最大的互联网企业是雅虎、亚马逊，最主要的是美国在线。美国在线不仅仅最受关注、流量最大，和普通的门户网站相比，它和客户的关系也更深厚：它了解社群，而易贝正想建设这样的社群；它也很善于把货物推广到目标区域。所有这些都让这个公司成为强大的威胁。“如果美国在线也决定进入网上拍卖市场，就太糟糕了。”惠特曼说。

易贝试图通过与美国在线建立合作关系来阻止这一情况的出现。1997 年秋天到 1999 年夏天，易贝的高级管理人员连续谈成了三个交易，每一个交易都让他们能更进一步控制潜在对手。易贝的每一轮谈判都带有同样的目标：扩大分销配送能力，避免美国在线进入同一个市场。但是随着易贝实力的增长，在这期间两家企业的关系发生了变化。

易贝和美国在线的第一轮交手

第一项协议是市场营销和业务发展副总裁史蒂夫・韦斯特利和他的副手汤姆・亚当斯完成的。开始谈判时，韦斯特利既进攻又防守。他认为美国在线能帮助易贝获得巨大的提升，但它也有能力造成巨大的伤害。“如果美国在线站到我们的对立面，那问题就麻烦了。”[6] 韦斯特利说。所以，除了利用美国在线网站扩展易贝的业务，他更希望能阻止美国在线将竞争升级——甚至成为竞争对手。

不幸的是，易贝的出价只有 75 万美元。(“美国在线认为 75

万美元只够付广告费，”韦斯特利后来回忆说，“我们公司的人却认为 75 万美元是笔巨款，是我们预算的一半，同事们觉得我疯了。”）[7] 这 75 万美元可以让易贝链接美国在线网络一年的时间，专营权当然不会有这么便宜的价格。美国在线授权易贝两个区域 90 天的独家经营 C2C 拍卖业务。

不管怎样，第一笔交易是个胜利。大众市场调查认为这是一个正确的选择。而且，易贝的高管们很快学会了如何调整关系，确定链接区域。结果就是，美国在线帮助易贝以极低的代价获得更多客户。

易贝和美国在线的第二轮交手

易贝希望在这一成功的基础上继续拓展业务，1998 年 3 月两家公司又回到谈判桌上。这一次易贝希望美国在线在更多区域给自己更大的独家经营权。第二次交易用了 6 个月时间才谈成。这次易贝答应 3 年付给美国在线 1 200 万美元，美国在线将易贝加入关键词列表，美国在线的用户在打出“eBay”字样后就能够直接进入该公司的网页。此外，易贝在更大范围内获得为期一年的独家授权。然而，惠特曼指出，易贝的独家经营授权并不让人感到踏实，因为美国在线仍然可以进入该行业或者与其他合作伙伴一起进入该行业。

在第二轮谈判中，易贝向美国在线提出非竞争条款时被拒绝了。这个信号有些不妙，这表明美国在线在考虑自己进入拍卖领域的可能性。尽管受到挫折，但惠特曼认为，这笔交易将帮助易贝实现其目标。“这会给我们一条出路，”她解释说，“我们知道快速发展是很重要的。所以我们说，好吧，他们得用6个月或8个月的时间才能进入我们的行业，那我们将领先6个月或8个月。”

易贝和美国在线的第三轮交手

利用前两次交易，易贝初步掌握了自己面对的最强大的潜在对手，第三轮交易让易贝巩固了胜利成果。1999年3月，易贝和美国在线签署协议，约定易贝每年支付美国在线约1 800万美元，时间一共是4年。作为回报，美国在线同意易贝独家拥有美国在线所有拍卖经营权，以eBay@AOL的名义发布联合品牌，并且美国在线在4年时间里为联合品牌的网站做广告。此外，美国在线同意两年之内不进入拍卖市场。到此，易贝已经实实在在地抓住合作伙伴了，而且合作伙伴进入易贝市场的动机也已不足。

从惠特曼的角度看，积极、低成本地获得客户仍然是易贝的首要目标。不过，她也承认有兴趣对美国在线抢先发起攻击。正如她解释的那样：“促成交易的原因有75%是因为货源质量，25%是因为他们推迟进入市场。如果我们合作愉快，我们将向他们的用户提供服务，那么这是一个双赢的局面。”惠特曼认为美国在线最终仍然会推出自己的拍卖服务。“你永远不能对美国在线说不要。”她指出。一次交易让美国在线收获了近 98% 的边际利润，按照惠特曼的计划，易贝要全力确保美国在线将继续观望而不参与在线拍卖的竞争。

抓住对手

- 通过合资和股权交易的方式拉拢对手或转移竞争。
- 向对手出售你的服务以阻止他们发展自己的竞争能力。
- 与（潜在的）对手合作以巩固你在未来竞争中的地位，同时让当前或潜在的对手不参与竞争。

避免针锋相对

一旦竞争对手开始攻击，你怎样保持平衡就成为一个问题。直觉让你要接住对手的每一招。作为柔道大师，你当然不想陷入一场针锋相对的硬仗或者一场消耗战，但针锋相对的情况却常常出现。[8]

对手想要你采取“针锋相对”的防守战术，这样比赛就会按照他设定的规则进行下去。相反，对于柔道战略来说，获胜的关键就是采取主动。财捷集团的创始人斯科特 · 库克就认识到这一点，所以财捷集团才能顶住微软 10 多年的压制。与微软硬碰硬“胜算不大”，他指出：“所以我们没有结束经营，只是转变了模式。我们提供给顾客的技术是竞争对手根本就做不到的，我们不重复微软的工作，这样做是行不通的。”

避免针锋相对是避免失败的策略，但并不意味着没有反击。相反，你在决定如何接招及接哪一招前，需要认真研究对手。“研究对手。”库克喜欢这样说。搞清楚什么能起作用，什么只是昙花一现而已，把真正引人注意的问题和琐事分离开来，找到你可以反击的机会，同时还不能动摇自己的地位。如果不能反击，根据自己的实力仔细筹划你接下来的动作。

在某些情况下，比如在不引发更大规模的对抗时，见招拆招是可行的，你可以轻易削弱对手的实力并且夺回领先地位。（如果对手已经占了你的地盘）只顾接招或者一味地对抗，就会陷入一场消耗战。你要压抑住针锋相对的想法，按照自己的实力和节奏来筹划反击。

网威公司：一个警示故事

20 世纪 90 年代初，网威公司（Novell）是网络操作系统之王，但是差点儿毁于一场针锋相对的对抗。网威的 CEO 雷·诺达（Ray Noorda）是一个很有能力的管理者，他创造了“合作竞争”这个词。诺达认为，在不断增长的市场上，竞争对手也是合作伙伴，同时，竞争对手的存在可以提醒团队不要滋生自满情绪。但是诺达在任时，发生了一场经典的由骄傲自大导致的希腊式悲剧。

20世纪90年代初期，一些公司，包括榕树网络（Banyan）和微软都把网威公司视为竞争对手。众目睽睽之下，网威公司通过加强技术、功能和服务而不是降低价格来设法保住自己的领先地位。在微软大幅降低网络产品的价格时，网威虽然总收入只有微软的1/4，但仍然坚持不降价。1992年底，网威公司仍然占有2/3的市场份额。

但随后诺达犯了一个几乎致命的错误。由于微软攻击网威公司的核心业务，诺达决定反击，而且反击的目标就选择在微软的主场上。首先，网威公司希望与开发出市场领先的电子表格程序Lotus1–2–3的莲花公司合并,但没有成功。接着在1992—1994年，网威公司收购了美国电话电报公司的Unix、WordPerfect和宝蓝公司（Borland）的QuattroPro等办公软件。网威的目的很简单也很令人惊叹：搅动操作系统市场，撼动Office办公软件，针锋相对地和微软较量。

但到1995年底，网威公司陷入一片混乱。网威公司无法和微软全面竞争，即使在其核心业务上也不得要领。网威公司被迫撤退，减少Unix业务，以1.16亿美元的价格出售了WordPerfect

和 QuattroPro 两项业务，而两年前他们仅收购 WordPerfect 一项就支付了 14 亿美元。1997 年，网威公司出现了 14 年来的第一次亏损。直到 20 世纪 90 年代末网威启用了新的 CEO，并采取了全新的战略才又起死回生。

易贝：掌握反击的时机和方式

易贝的梅格·惠特曼没有犯网威公司的错误。面对反复的冲击，惠特曼保持平衡，利用一场机智的竞争避免了一次硬碰硬的恶斗，并且始终让竞争处于自己的掌控之中。易贝抓住了美国在线，躲过了来袭的子弹，但它不能抢占所有竞争对手的先机。不是惠特曼不想尝试，而是在 1998 年和 1999 年，易贝的高管面对着一长串的竞争对手名单，包括亚马逊、雅虎和微软，但在这些竞争案例中，没有一个复制了他们与美国在线交手时的成功。

雅虎的攻击

1998 年秋天，易贝面临最大的冲击。在 9 月 24 日易贝首次公开发行股票的这一天，世界领先的门户网站雅虎宣布进入个人拍卖市场。更糟的是，雅虎不只攻击易贝的业务，它威胁的是易贝的整个商业模式。易贝不但向卖家收费，而且已完成的交易也要交纳佣金，而雅虎的拍卖将完全免费。“天哪，它是全世界数一数二的互联网品牌，可能只稍逊于美国在线。”史蒂夫·韦斯特利回忆易贝的反应时说，“他们的资源超过我们的想象，而他们又将提供免费服务，听起来真的很吓人。”[9]

惠特曼的第一个反应是，组建一个快速反应小组，每周的一、三、五下午5点到7点开会。小组的任务就是分析雅虎业务的每一个细节，并仔细跟踪雅虎，看它是否获得用户支持并且抢占了市场份额。惠特曼回忆说：“我们研究它的产品，先找10个人使用该产品，几个月的时间里每天都要有买卖交易，每周提交一份报告，阐明觉得它哪些方面好，哪些方面不好，我们怎样才可能超越它。”

惠特曼必须做出的第一个决定是，易贝是否要和雅虎打一场硬碰硬的价格战。“免费通常是件好事儿。”惠特曼冷静地观察之后说。在网络上，以雅虎为首的很多公司让消费者产生了这样的期望：所有的新闻、体育、电子邮件和聊天软件都是免费服务。这是真实的情况。然而研究雅虎的小组发现，很显然，雅虎的自由拍卖业务没有像他们想象的那样具有吸引力。事实上，惠特曼认为易贝后续的成功，部分原因就在于向卖方收取费用。“我们认为收费服务对市场的健康发展有好处，”她解释说，“因为如果人们需要交25美分的费用，他们就不会随便把一些太差的物品放到网上拍卖。”至少，易贝的小额收费让许多卖家重写物品说明，使用不同的图片，在某些情况下还会撤回产品不再拍卖。这就让商品的整体质量有所保证。[10]

因此，惠特曼和她的团队决定坚持收费服务。但对于其他业务，易贝则做出了调整。竞争的现实暴露了易贝服务的一些弱点，公司需要解决这些问题。例如，雅虎使用了大量的图片，并且拍卖区域的设计更有规划。此外，雅虎简化了登记程序并为参加拍卖的新客户提供了一个投标指南。对此，易贝也迅速地做出了相应调整。

这些都是简单的防守动作。在市场营销这样的重要领域，易贝开始采取主动姿态，用自己的方式回应雅虎的攻击。当时雅虎将大量的拍卖广告放到自己的网站上。但对于易贝来说，在网络上获得平等的曝光率要付出昂贵的代价而且毫无意义。惠特曼不再和雅虎对抗，而是加强了易贝的基层营销活动。当时大大小小的收藏品市场年销售额超过 1 000 亿美元，买家和卖家见面的主要场所是各种贸易展览会，会上的商品从洋娃娃到老爷车一应俱全。尽管商品贸易展览会已经是易贝拓展项目的一部分，但在雅虎推出拍卖业务后，易贝明显加大了贸易展的拓展力度，项目覆盖了 150 个展览会市场。"我们认为雅虎不会永远这样做，"惠特曼解释道，"他们不可能有足够的人手做基层工作，而且他们也没有兴趣这样做。"

"雅虎可能会击垮易贝，"惠特曼回顾说，"它是一个大企业，拥有知名的品牌和充足的资源。它的产品很棒而且善于经营。"但是通过避免针锋相对的竞争，易贝成功地避开了雅虎的威胁。

亚马逊的攻击

1999年春天，雅虎带给易贝的危机感已经消失，每周三次的会议已缩减至每周一次，但此时出现了更严重的威胁。3月底，亚马逊的创始人兼CEO杰夫·贝佐斯给该公司的830万客户发邮件宣布亚马逊要开展个人对个人的在线拍卖服务。9个月前，易贝已就合作事宜开始接触亚马逊。汤姆·亚当斯认为："这对我们双方来说都很有意义，我们不直接竞争，而是相互补充。"然而，贝佐斯显然有其他想法。

在某些方面，亚马逊比雅虎的威胁更大。业内专家斯图尔特·奥尔索普认为，亚马逊进入拍卖市场意味着易贝"死定了"。[11] 亚马逊比任何一家企业都了解电子商务，而且公司也有自己的拍卖业务，用惠特曼的话说就是"令人难以置信的现代化和便捷"。此外，从市场营销层面看，这个大零售商要来一场针锋相对的战斗。易贝的第一任总裁杰弗里·斯克尔说："亚马逊企图通过和合作网站磋商大额交易，花大价钱向我们购买市场份额。如果亚马逊愿意花两倍于我们的价钱收买客户，那我们如果还想保持赢利就不得不经历残酷的竞争。"[12] 更糟糕的是，亚马逊似乎了解易贝的基层战略，当亚马逊开始出现在贸易展上时，惠特曼认为"麻烦来了"。

惠特曼立即恢复了快速反应小组每周三次的会议，但在仔细阅读亚马逊网站的拍卖条款后，大家却感到松了一口气。因为，尽管亚马逊是电子商务企业，但易贝已经在很多方面改善了自己的服务，因此在大部分服务项目上仍然保持领先。贝佐斯将安全性作为大卖点，为低于 250 美元的交易提供免费保险，实施荣誉制度奖励，但易贝已经在一个月前引入保险条款。虽然亚马逊的交易费用低于易贝（亚马逊为 10 美分而易贝为 25 美分），但就易贝和雅虎打交道的经验看来，价格已不再是一个主要问题。最重要的是，易贝的观察人员发现亚马逊这个新的挑战者有一个问题，即“网站上没有社群”，惠特曼解释说：“甚至连一个聊天板块都没有。它没有个性，我们觉得这对亚马逊来说可能是一个麻烦。”

基于之前的经验，惠特曼得出结论，易贝不需要做出任何重大的改变。惠特曼认为易贝只在一个环节上回应亚马逊的攻击就可以了。因为亚马逊网站的拍卖一方都是更大的商家，几乎所有的人都用信用卡付款。相反，大多数易贝的小卖家只能接受支票或现金。惠特曼最初计划与 accept.com 合作推出托管和支付服务来填补这一空白，但当贝佐斯听说易贝的计划后，突然插手并且抢走了这家公司。从那时起，惠特曼决定易贝要有自己的支付系统。30 天后，易贝收购了位于加利福尼亚红杉城的 Billpoint 公司，开始提供个人对个人的信用卡付款服务。

FairMarketPlace 的攻击

1999 年夏天，易贝已经从雅虎和亚马逊这两股最强大的新经济力量的围攻中突围出来，但公司仍然没有脱离险境。9月，另一个强有力的竞争者FairMarketPlace联盟出现了。易贝现在面对的是100多家公司，其中包括三个领先的门户网站，它们计划合并网站上的拍卖业务。“我们很紧张，”惠特曼承认，“当时微软、Lycos、Excite搜索引擎决定联合起来对抗我们，我们必须非常小心。”

快速反应小组又一次行动起来。但在两周后，惠特曼意识到那个针对易贝的杀手并不存在。联合网站有大约7万种商品要出售，只是易贝待出售商品的2%。惠特曼私下认为这项业务并不成功。她承认：“我们一直盯着它们。但可以预见的是，它们没有任何吸引力。”

没有竞争对手

10年后，易贝不仅生存下来了，而且还巩固了自己在C2C在线拍卖市场上的主导地位，并且不断提升能力来回应对手的攻击。一位分析师估计：易贝的商品平均竞价次数是三次，雅虎只有不足30%的商品竞价次数达到一次；雅虎和亚马逊的拍卖成功率不到15%，而易贝的成功率为65%；易贝平均每天的商品销售总额超过1 100万美元，业务量超过雅虎25倍，亚马逊在这方面更是没有任何竞争力。[13]

头两年在易贝连续遭受打击时，惠特曼坚持住了，没有在对抗中失去平衡，而其他员工则不断提出雄心勃勃、代价高昂的竞争计划。“易贝内部很多人都提出了与雅虎、亚马逊竞争的好点子，但这些方法要损失很多资本，代价太大了。”惠特曼回忆说，“因此我说，‘我们不想那样做’。”惠特曼总是认真地对待竞争，从来不痴迷于打反击战。相反，易贝专注于发展其核心优势并且坚持自己的战略，避免打无把握之仗，有选择地回应对手的攻击，避免被对手纠缠住。易贝审慎的反应使自己在竞争中立于不败之地。

避免针锋相对

- 避免竞争态势升级，避免打消耗战，不要四面出击。
- 仔细研究竞争对手，学习他们最有利用价值的观点。
- 即使在被攻击的时候，仍然保持主动姿态，坚持使用既定战术，发挥自己的优势。

推拉制衡

前面两项技术有助于你保持平衡，降低对手发起攻击的可能性，或者减小攻击的影响，但推拉制衡则将竞争更推进一步。你可以利用这个战术削弱对手的地位，把他的进攻变成你的优势。通过采用合并竞争策略，你可以将对手的产品、服务或技术融入你的攻击，打破对手的平衡，迫使对手做出一个痛苦的选择：放弃自己最初的策略或者眼睁睁地看着自己失败。

Drypers公司和沃尔玛：把竞争对手变成自己的广告商

许多旧经济时代的企业和新经济时代的企业一样，都已经掌握了推拉技巧。一个典型的例子来自尿布市场：20世纪80年代尿布市场出现了一个新贵Drypers。Drypers以较低价格的品牌产品来挑战市场领导者宝洁，它让消费者在实惠的品牌和高价的帮宝适之间做出选择。当Drypers进入得克萨斯州的市场时，宝洁的反应很强烈，给全州消费者发放大量的2美元优惠券，是它通常发放的75美分优惠券的两倍多。Drypers的CEO戴夫·彼得斯（Dave Pitassi）意识到，如果他什么都不做，公司很快就会死翘翘了，[14]但Drypers没有能力在整个州的范围内发放优惠券。

彼得斯刚刚看完柔道方面的书，于是做出了具有创造性的反应。他没有直接反击宝洁的进攻，而是利用了宝洁这个大公司的优势，把对手的优惠券变成了自己的竞争法宝。Drypers公司向全州推出广告，告诉消费者宝洁的优惠券同样可以在Drypers使用，一时间Drypers的销售量猛增。短短几周内，Drypers在一些商店的市场份额增加了15%。在两个月内，Drypers公司满负荷运转，第一次出现现金净流入。由于彼得斯创造性地运用柔道战略，让宝洁的攻击事与愿违。利用竞争对手的势头，彼得斯让宝洁公司为 Drypers 公司做了一次促销活动。

Dryper 公司是一个典型的小公司，其实大型公司也能利用推拉战术实现很好的效果。例如，在 20 世纪 80 年代，沃尔玛就用这种方法来对付凯马特，而且成为折扣零售业冠军。[15] 当时，沃尔玛的平均价格略低于凯马特，但凯马特为了拉拢客户，积极宣传每周特价。一旦顾客进了凯马特的店，就会顺带买其他产品。沃尔玛不愿像凯马特一样做广告、搞促销，因为它的商业模式本身就是依赖于低成本和“天天低价”，如果和凯马特竞争，就会破坏自己的核心优势，所以几家商店的管理者采用了柔道战略。他们把凯马特的每周通报贴在沃尔玛商店前面，并承诺沃尔玛会采取像凯马特一样的优惠政策。因为消费者都知道沃尔玛的大多数其他商品价格也都比较便宜，这就让凯马特陷入一个尴尬的境地：广告宣传的力度越大，为自己的竞争对手争取到的顾客越多。

微软：学习“接受和延伸”

微软利用“接受和延伸”的方法将推拉战术带入科技产业。尽管背景不同，但本质是一样的：当受到攻击时，利用竞争对手的力量，而不是坚持和巨大的力量对抗。

或许最著名的“接受和延伸”的例子就是微软和网景的竞争

了。1995年12月，比尔·盖茨宣布，微软为了在浏览器大战中打败网景，计划“接受和延伸”互联网科技。微软没有固守其控制下的自有技术，而是准备继续开发基于网络的技术，虽然大多数此类技术都是由网景参与开发和使用的。“我们将接受所有互联网协议，”盖茨宣布，“我们将支持大多数开发者使用和利用的任何产品，并且会像网景一样对这些事情做一些延伸开发。”[16]

这时，微软对太阳微系统公司开发的自称“一次编写，到处运行”的编程语言Java发布了授权许可。太阳微系统公司曾把Java定位为直接威胁微软在个人电脑操作系统中的霸主地位的武器，其设想是一旦Java程序写成，不管你使用什么样的系统，都可以在各种各样的计算机和计算设备上运行。这可能一下子就会打掉微软最重要的竞争优势。当时微软大量的软件只能在Windows或者Windows NT系统运行，或者只在这两个系统中运行得最快。

微软最初试图压制Java的发展。但关于Java的呼声不断高涨，微软也调整策略决定接受Java。通过延伸开发让Java在Windows系统中运行得更快，微软将太阳微系统公司的实力变成微软的优势，并成功地削弱Java的威胁。最终太阳微系统公司起诉微软，并为几年的官司付出了昂贵代价。两家公司在2001年1月达成了和解，微软没有任何损失。

最后，作为“接受和延伸”互联网的一部分，微软放弃了投资近10亿美元的独家开发的微软在线服务网络（MSN），而是把它变成一个免费的网络服务。微软数年之后投资开发了一个全球拨号网络，重新努力把互联网的实力变成自己的优势。[17] 在这个过程中，微软公司利用一个看似没有胜算的机会摇身变成了互联网上访问量最多的网站之一。

掌握受身技术

微软结束MSN的决定属于推拉制衡的战术，我们称之为“商业受身”。“受身”是柔道术语，指的是在不利的情况下最大限度地减少损失，以便更有效地返回战斗。受身是柔道新手要学的第一件事，也是一个重要的战略原则。学好了各种受身技巧，就能在被摔的时候保护自己。一个柔道高手无论技能如何高超，都不可能赢得所有的比赛。但是输掉一场战斗并不意味着战争的失败。通过战略性退却，你可以保存实力，重新定位，迎接下一次的交手。特别是当竞争对手的攻击非常强劲，任何调整可能都无法让你回到比赛状态中去的时候，这种战术尤其重要。（在这个意义上，受身也可看作避免针锋相对的一种特殊情况。）

嘉信理财

在20世纪90年代后期，美国最大的折扣经纪商嘉信理财就学会了这一战术。当时它决定推出电子业务，并将其作为核心业务进入互联网券商市场。嘉信迅速进入互联网业务，公司的最初战略是将互联网交易和价格更高的核心业务折扣券商分开。使用电子业务的客户得开一个单独账户，如果需要理财部门或者电话代理服务，客户则需要支付额外的费用。

1997 年，这种方法受到了竞争对手的猛烈冲击，像亿创理财这样的企业以较低的价格提供类似的服务，这就迫使嘉信高管做出艰难的选择。如果他们允许互联网用户全面享受嘉信的服务，结果就是公司会有 1.25 亿美元的损失；或者他们也可以什么都不做，但是嘉信的在线交易市场份额会缩小。嘉信团队痛苦万分地选择了第一个方案。公司的 CEO 戴维·波特拉克（David Pottrruck）回忆说："虽然销量很大，但价格、收入和利润的收缩使我们的股价下跌了 25%，而当时行业股价却上涨了 25%。1998 年的上半年，这个策略看起来不怎么样。"但是时间一长，回报就出现了。1998 年下半年，"我们的资产增长了，"波特拉克笑着说，"我们开始看到交易的弹性超出我们的预期。我们的股票开始攀升。1999 年 1 月，我们超过美林证券公司的市场资本，到达了一个新的里程碑。"

受身是一项很难学的技术。战略撤退的决定通常会遇到来自公司内部利益损失最大的人员的阻力，但如果准备充分则会减少痛苦。"我们要使出浑身解数和大家沟通。"嘉信理财的首席战略官丹·雷曼介绍了嘉信是如何做到既实现转型又不致引发普遍的不满或失去其任何高级职员的。[18]

瑞安航空公司

即使拥有强大团队和雄厚资产的大公司往往也会遭受一些临时的损失，因此对于小型企业来说，在面对强硬对手时采用受身战术尤为重要。瑞安航空（Ryanair）在刚起步时就遭遇过这种情况。1986 年，凯瑟尔·瑞安和迪克兰·瑞安开始靠一架 40 座的飞机起家。两兄弟的计划是通过提供更好的廉价服务，在伦敦至都柏林航线上建立一个滩头阵地。但英国航空和爱尔兰航空发动了一场降价 20% 的全面价格战，让这个计划失败了。[19] 1991 年，由于损失日益严重，瑞安航空公司濒临破产。

这时公司的创始人决定放弃无谓的挣扎，去寻求一个新的策略。他们放弃了与英国航空和爱尔兰航空拼服务的想法，将重点放在价格战上。一番努力之后，所有不必要的费用都被取消，不但取消航空食品（甚至连花生也不提供），也不再向总部工作人员提供笔（雇员得用自己的笔）。[20] 1992 年，依靠新的成本和费用结构，瑞安航空开始赢利，并且在整个 20 世纪 90 年代都保持了这种赢利状态。瑞安兄弟和戴维·波特拉克、比尔·盖茨一样都学会了重要的一课：停止一场即将失败的战斗，主动撤退，重整实力开始新的战斗。

推拉制衡

- 找到方法，把竞争对手的进攻变成你的优势。
- 如果可能，利用竞争对手的产品、服务和技术。
- 不要坚持打不赢的战斗：保存实力，适当退却，积蓄力量，重返战场。

第 4 章

杠杆借力原则

利用对手的资产、合作伙伴和竞争对手

给我一个杠杆和支点，我能撬动地球。

——阿基米德

如果你能把移动和平衡原则巧妙地结合起来，在和强大的对手交锋时就能赢得先机。通过移动，一开始你就可以找到一个有利位置，并且在对手反应过来之前就领先于他们。平衡原则让你可以挑战实力更强的对手，而且不被对方击倒。在这个过程中，你的目标是稳固自己的位置，动摇对手的位置。

在某些情况下，移动和平衡足以巩固和建立无法逾越的领先优势。在大多数情况下，你需要利用杠杆借力原则来取得胜利。正如一位老柔道大师所说的："没有倒地就意味着没有被打败。"[1]当然这并不是说你赢了。在实际比赛中，只要不跌倒，你就有机会进入下一轮或第二天的比赛，有时候仅仅是为自己赢得了几秒钟的时间。但要想赢得比赛，你就得把对手摔倒在垫子上。这时就是杠杆战略派上用场的时候了。

柔道中的杠杆借力原则

柔道比赛中，平衡被打破后紧接着就可以使用杠杆借力了。破坏对手的平衡不是目的，只是摔倒对方的前奏。一个柔道的完整施技程序包括破势、取位、施术三个阶段：破势，打破对手的平衡；取位，进入位置；施术，进行实际的攻击。抓住对手和学习推拉是前两个阶段。寻找杠杆，或找到一个支点控制对手，就是施术。

柔道的创始人嘉纳治五郎喜欢用各种例子解释平衡和杠杆作用的关系：

> 假定对手正站在我面前，如果他向前倾，我就抓住他的背，移动胯部贴近对手，让我的胯部成为一个支点。即使对手的体重是我的两三倍，我也可以轻轻旋转胯部把对手摔到地上。
>
> 或者假设我的对手前倾并且用一只手推我，这样他就失去了平衡。如果我抓住他手臂的上袖，让我的背作为支点贴在他的胸口，另一只手抓住他的肩膀，然后猛地弯腰，他就会从我的头上飞过去。[2]

嘉纳治五郎用这些例子说明了阿基米德 2 000 多年前的那句

话，找对杠杆和支点，任何人或任何事物都可以被撬起来。杠杆当然不是唯一可以利用的攻击方法，实力强大的选手可能只凭蛮力就能把对手打倒。但柔道比赛中，使用蛮力是不被认可的。选手面对比自己实力强的对手时一味靠自己的力量是无法赢得比赛的。此外，如果一个选手面对的对手已掌握推拉战术，并能利用杠杆借力进行攻击，那他很容易就会被打败。

杠杆借力体现了柔道背后的基本原则：以最小的付出发挥最大的效率。正如嘉纳治五郎说的："善用心身之力达到自己的目的。"[3]对于实力较弱的选手来说，杠杆借力是一种高效的战术，当然对于实力强的选手也同样适用。

柔道战略中的杠杆借力原则

从柔道到柔道战略，我们重点介绍三种应用杠杆借力的方法。在每一种情况下，目标都是一样的：把竞争对手的实力变成自己的优势。在柔道比赛中，对手的身体可以变成自己手中的一个杠杆。在柔道战略中，竞争对手的资产、合作伙伴和竞争对手都可以扮演类似的角色。

通过利用竞争对手的资产，你可以使其实力变弱。原理很简单：发动攻击让对手的资产成为他反击时的负担或障碍。通过发挥杠杆作用，你可以让一个更强大的对手感到痛苦，有时甚至无法再来反击你。

同样，通过利用对手的合作伙伴，你可以让对手的盟友成为他行动的障碍。许多强大的竞争对手已经建立了供应商、分销商、合作伙伴网络，这是实力的重要保障。但通过利用它们之间的差异，你可以用分而治之或“挑拨离间”的策略把对手的合作伙伴变成假朋友，制造新状况让它们的利益不再一致。你要仔细观察，更要仔细研究，即使看上去最牢固的联盟也很可能有一个你可以利用的裂缝。

最后，最成功的公司除了拥有资产和合作伙伴，也会拥有大量的竞争对手。这是第三个潜在的杠杆。和你对手的竞争对手合作能够成为你的战略优势，可以加倍给对手制造困难。即使你的对手有足够的灵活性来接你的招，但要说服自己的竞争对手和自己合作将是一件有高难度的事。而利用对手的竞争对手就可以给对手造成一种特别有效的威胁。

所有这些战术都基于一个原则：给对手制造麻烦，阻止他对抗你的攻击。不是因为竞争对手愚蠢或盲目，而是因为杠杆的作用就是让对手受到很多牵绊。

杠杆借力原则可以采取多种形式表现出来，但其潜在的启示都是相同的。在下面的故事中，我们只是抛砖引玉，希望你能创造性地发掘自己可以利用的形式。

寻找杠杆不是机械运动。成为杠杆借力大师需要有打破思维定式的能力。换句话说，作为一个柔道战略家，你需要从别人认为实力强大的地方挖出对方潜在的弱点。也就是说，别人看到的是威胁，你看到的却是机会。

利用对手的资产

这也许是老生常谈，一个公司最大的资产往往能成为它最大的负担，无论是无形的，如品牌和知识产权，还是有形的，如资产和工厂。戴尔电脑的董事长兼 CEO 迈克 · 戴尔非常有远见，他曾说过“资产会带来各种各样的风险”[4]，巨额的投资在企业转型时可以变成一个障碍。研究这些障碍会帮助你找到你需要的杠杆。一家公司若要实现资产积累，就要沿着某种成功的模式做下去。不管是否情愿，企业都得这样做下去。如果形势一片大好，竞争规则不变，这样做没有问题。一旦竞争规则改变，多年来的资产就会引发一系列问题。[5]

作为一名柔道战略家，你的任务就是要把对手的资产转移到杠杆的另一边，从他的实力中找出弱点。这可能意味着攻击长期形成的收入渠道，挑战竞争对手有价值的资产，或创造新的商业模式将其资产转化为战略负担。举例来说，对手的范畴经济可以成为你的支点，对互补性行业的投资可以产生重要的协同效应，但柔道战略师却能看到他们的缺点。百事可乐主要在肯德基和塔可钟（Taco Bell）销售时，而可口可乐利用主要在麦当劳销售发挥了更大的杠杆作用。同样，北电网络的优势在于将产品销售给电话公司，那时其竞争对手朗讯隶属于美国电话电报公司。

根据市场和对手的情况，你可能要采取不同的形式发挥杠杆作用，但你的基本目标应该始终如一：利用对手的资产为他制造麻烦，让他不能回应你的攻击。

把对手的资产变成对手的负担

对于进攻的一方来说，把对手的资产变成对手的负担可以是一个双赢的局面。小心地发起攻击，迫使对手做出选择：损失自己的资产还是不做回应。在本质上，你盯上的那些资产如何发挥作用取决于对手的表现。一旦对手决定回应你的攻击，他的优势就消失了。

嘉信理财

实施这种技术的方法之一就是迫使对手缩小规模。战略成功的最终标志就是拥有高市场占有率。但同样的道理，一些市场领先者也会出现失误。20 世纪 90 年代初，当嘉信理财看到有机会进入个人退休账户市场时，富达投资集团就领教了这一点。

当时的个人退休账户市场由富达集团把持着。1992 年初，总部位于波士顿的富达集团以每年 40 万的速度开放新的个人退休账户，据嘉信理财估计，约产生 4 500 万美元的年度费用。[7]“它的规模至少是我们的 5 倍。”戴维·波特拉克说，他后来成为嘉信公司的联合 CEO。其他人看到的是自己的弱点，嘉信团队却看到了机会，他们要把富达的实力变成自己的优势。有一天，嘉信理财的一位资深高管杰夫·里昂找到波特拉克并提出一个大胆的想法：免除个人退休账户超过 1 万美元的客户的管理费。（当时，客户每年要交 22 美元的管理费。）“富达集团和美林公司，以及其他大公司比我们在个人退休账户市场的投入要大得多，”里昂说，“所以它们很难削减费用。如果我们的个人退休账户的管理费降为零，我们就可以获得巨大的增量资产。而且通过免费服务，我们还给嘉信理财的品牌和产品制造了一个光环。”[8]

这项提议引发了一次热烈的内部辩论。免去个人退休账户服务费用的代价很高，嘉信每年至少要减少 900 万美元的收入，而当时公司的年收入大约是 8 000 万美元。但该团队估计，嘉信公司只要再增加 20 亿美元的资产就可以摆脱困境。（这些资产意味着更多的交易和更多的佣金，可以弥补年度费用的损失。）“超过 20 亿美元的部分都是利润。”波特拉克解释。同样重要的是，团队相信由于富达集团拥有更大的客户群，所以对于这项措施不会有什么反应。“如果他们也取消年度费用，就要损失一大笔钱，这对我们来说是好事儿。”波特拉克说，“所以，以我们最小的痛苦换来他们最大的痛苦。”

1992 年 4 月，嘉信理财取消了 1 万美元以上的个人退休账户的管理费，结果一年之内增加了它所需要的 20 亿美元资产。波特拉克观察之后说道：

> 对于消费者来说，免费是一个神奇的字眼。
>
> 人们都有一种不理性的情绪：喜欢免费服务。我记得在一次鸡尾酒会上有客户对我说：“我刚刚把我母亲的个人退休账户存到嘉信理财，一共 8.8 万美元，就是因为你们不收年费。”我说：“我明白了。你是在告诉我，22 美元竟然能多多少少地决定她把退休账户存到哪儿？”他说：“是的。”这不是经济学，这是情绪决定的。

当富达集团看到嘉信理财领先自己的时候，滋生出了另一种情绪：嫉妒夹杂着恐惧。无论富达集团怎样做，至少短期内都会有所损失。如果回应嘉信理财的商业行为，富达集团要损失 4 500 万美元。但是如果富达不回应，嘉信理财很快就会在市场上占据领先地位。8 个月后，富达也取消了 5 000 美元以上的账户的管理费。但那时嘉信已经实现了它的目标。通过利用富达的行业龙头地位，嘉信理财一举获得了市场份额，开始赢利，并大幅削减了竞争对手的利润。

世嘉公司

在进入美国的游戏市场时，世嘉公司（Sega）采用类似的杠杆借力方法提升了自己的实力。20 世纪 80 年代末，任天堂株式会社（Nintendo）以 80% 的份额占据着电子游戏市场的主导地位。[9] 1/5 的用户，即 2 000 万客户使用任天堂系统，而且任天堂已售出超过 1.01 亿份的畅销游戏。世嘉公司的规模大概是任天堂的 1/3，拥有 7% 的市场份额，1990 年的全球总收益为 6.8 亿美元。然而 3 年之后，世嘉公司重创任天堂株式会社，随后两家公司在美国家庭游戏市场中的竞争进入白热化。1993 年，这个市场总量增长至 60 亿美元。

在某种程度上，世嘉公司的成功受益于它首先把运行更快的 16 位机带进市场。正如某位分析师指出的，这一举动利用杠杆作用将了任天堂一军，让它动弹不得。任天堂主导着市场的 8 位视频游戏系统，不愿意让现有的收入受到损失，结果花了两年的时间才跟上世嘉的脚步。但世嘉公司不仅仅靠硬件来抢市场，软件是它出击的第二步，并且在市场抢夺战中发挥了同样重要的作用。毕竟，热门游戏才能吸引消费者购买游戏机。

任天堂通过面向十几岁或更小的孩子提供健康的家庭娱乐产

品赢得了自己的声誉。它的品牌让那些要监督 13 岁以下的孩子购买游戏产品的父母感到很放心。“在一个充满危险的游戏世界，你可以信任我们”是任天堂的承诺。

当进入市场时，世嘉公司决定改变游戏规则，不再追随任天堂把自己塑造成家庭之友的形象，而是针对老年人和新潮的观众开发产品。在这个过程中，世嘉公司向任天堂挑战，后者要么跟风损害自己的品牌资产，要么什么都不做承受损失。世嘉公司最著名的游戏形象是活泼的刺猬索尼克，另外，公司还以大量的性和暴力为卖点推出游戏，如在真人快打游戏中，游戏结束时胜利者可以撕裂对手的心。

任天堂的最初反应是坚持自己的特点，当公司开发了基于电玩游戏的真人快打时，开发人员去掉了很多血腥场面。例如，把敌人变成冰块而不是撕裂敌人的脊椎。虽然任天堂公司占据了道德高地，但客户用他们的美元把票投给了世嘉公司。整个第一年，世嘉版真人快打游戏和任天堂版真人快打游戏的销售比例为 2∶1。[14]

1994 年，任天堂公司通过发行没有处理过的真人快打游戏和推出新的广告活动逆转形势。然而，那时要挽回世嘉造成的损失已经太晚了。任天堂的高管甚至承认，80% 的市场份额再也抢不回来了。[15]

把对手的资产变成障碍

在前面的例子中，嘉信理财和世嘉公司迫使对手为了竞争损失了资产。一旦竞争对手走了这一步或者犹豫了一段时间，这时的比赛状态就有些像一个杠杆了。但在有些情况下，杠杆借力的打击作用不是一次性的，它可以使对手在做出反击的决定后，也难以有效地进行攻击。

西南航空公司

西南航空公司（Southwest Airlines）的联合创始人兼 CEO 赫伯·凯莱赫（Herb Kelleher）在很长一段时间里，已将这一教训总结成金科玉律了。自 1971 年成立以来，西南航空从三架飞机起家成长为全美第四大航空运营商。但在刚刚成立时，西南航空根本看不到什么机会。航空业务是资本密集型的业务，这样的状况使竞争变得非常困难。此外，主要的运营商已经占据了重要资源：从东海岸到西海岸的大城市机场的大型降落区。

西南航空的竞争对手，像美国航空公司就能够凭借营运中心系统的优势最大限度地保证飞行，而数百架小型飞机只能每天聚集到达拉斯这样的调度中心，寻求高利润的长途飞行机会。营运中心系统非常昂贵，不仅需要广泛的协调，还需要大型机场，以及从小型飞机到波音 747 等各种类型的飞机。航空中心的收入源于营运系统允许每一家大型航空公司都占据一个地区的交通市场及对票价进行控制。此外，它通过提高进入市场的门槛来保护市场上现有的航空公司。

尽管如此，西南航空在经营之初就找到了一个办法把竞争对手的资产变成自己的优势。西南航空将战略重点放在提供高频率、短距离、点对点的廉价航班上。实际上，西南航空的主要目的就是提高效率并且削减成本。为了减少机场使用费，西南航空到二流机场如洛夫费尔德机场（Love Field Airport）、中途机场（Midway Airport）开展业务，放弃在达拉斯 / 沃思堡市和芝加哥的奥黑尔跟对手竞争。西南航空的航班全部都是波音 737 机型，这样就节约了训练和零件费用。乘客乘坐西南航空的航班转机时无须等待，座位是先来先得，航班上也不供应食品（除了花生）。西南航空的飞机返航通常只需要 20 分钟，是当时平均返航时间的一半。因此，西南航空将飞行时间最大化，也将收入最大化。同时，西南航空的票价低于竞争对手 50% ~ 60%。平均起来，算上非限价票价的因素，西南航空仍是美国最赚钱的航空公司。

各大航空公司想通过降价在某些航线和西南航空竞争，但是降价会减少收入。此外，即使大型航空公司愿意牺牲收益，西南航空的战略也确保了针锋相对的竞争会让这些大公司处于劣势。如果规模较大的竞争对手和西南航空收取相同的票价，那些大航空公司永远不会像西南航空一样赢利，因为它们要维持成本，例如机场使用费、复杂的预订系统和复杂的机型，这些原本是优势的东西就变成了劣势。

一些竞争对手没有接受来自西南航空的挑战。正如赫伯·凯莱赫经常抱怨的那样:“我对人们说:‘嘿，它们不只是推出低价，它们攻击的是整个行业。’你怎么看待联合穿梭航空（United Shuttle）、大都会快捷航空（Metrojet）及达美快捷航空（Delta Express）？它们会袖手旁观吗?”[16]但西南航空利用杠杆借力原则确保了任何对手想做出反击都是很困难的，因为代价高昂而且耗时很长，何况反击最终也不一定能成功。

英国免费服务网络公司

大家都很熟悉西南航空的故事，但很少有人听说过名不见经传的英国免费服务网络公司用类似的方法取代了美国在线的欧洲部，一举成为英国互联网服务提供商领头羊的事。1998年秋天，美国在线欧洲部作为美国在线和德国传媒集团贝塔斯曼的合资企业稳稳占据了德国最大的互联网服务提供商的地位，是仅次于美国在线英国部的子公司。[17]美国在线在整个欧洲的用户大约有80万。很快竞争就不再那么激烈了，就像在美国一样，美国在线似乎已经牢牢占领了英国市场。

然而，英国免费服务网络公司自1998年9月开展业务3个月后就动摇了美国在线英国部的地位。到1999年1月，英国免费服务网络公司有 100 万个客户，每天签约 8 000 个新用户。5 个月后，英国免费服务网络公司账户增至 130 万个，其规模是美国在线英国部的两倍。英国免费服务网络公司成功的原因根本不是什么秘密。美国在线英国部的用户每月需支付约 29 美元的费用接入互联网，而英国免费服务网络公司则免费提供相同的服务。英国免费服务网络公司和英国电信运营商 Energis 合作，Energis 从英国电信公司收取费用，而这部分收益则由英国免费服务网络公司和 Energis 分成。通过加大互联网的使用，英国免费服务网络公司帮助 Energis 增加了收入，双方都受益。

由于经营模式非常简单，因此从特易购到巴克莱银行，从维珍航空到著名的阿森纳足球俱乐部，都开始模仿。1999 年 2 月，英国电信也推出了免费服务。但美国在线英国部没有任何反应，近 10 个月的时间里，它似乎由于英国免费服务网络公司带给市场的冲击而瘫痪了。

在公开场合，美国在线试图表现出一副对竞争对手不屑一顾的样子。美国在线总裁鲍勃·皮特曼（Bob Pittman）提到在美国本土的免费服务时说："这就像蒂芙尼（Tiffany）说它担心沃尔玛一样。" [18] 但是夸口之后，美国在线英国部发现自己仍处于困境之中，公司以前所未有的速度将市场份额输给了英国免费服务网络公司。当美国在线英国部想回应免费服务的竞争时，英国免费服务网络公司借用杠杆作用给它制造了加倍的困难。

作为市场的领导者，美国在线英国部损失巨大，免费服务可能意味着每年要减少 1.5 亿美元的收入。至少在短期内，电话服务的收入不可能弥补这一损失。毕竟，英国免费服务网络公司每个电话的费用只有美国在线的 10%，每小时上网费用也只有约 0.17 美元。

但这并不是问题的全部。英国免费服务网络公司发起的挑战不仅使美国在线英国部的收入受到损失，还让它失去了竞争优势。美国在线英国部的成功是因为以往在营销机制、客户服务及高端品牌方面做了大量投资。如果它要和英国免费服务网络公司竞争，所有这些资产都将缩水，更不要说什么提高竞争力了。以营销为例，与英国免费服务网络公司比，美国在线英国部明显处于劣势，因为英国免费服务网络公司是英国最大的电子产品零售商迪克森（Dixons）的一个子公司，消费者在迪克森每买一台电脑就会收到英国免费服务网络公司的一张免费光盘。因为迪克森零售占整个英国个人电脑销售量的 60%，所以英国免费服务网络公司能够花很小的成本得到更多顾客的关注。因为英国免费服务网络公司的其他成本也很低，而且还打算做广告和电子商务，所以它完全可以做到收支平衡。相比之下，美国在线英国部却不得不靠花重金做广告或者付钱给合作伙伴来推出光盘。因此，美国在线英国部很难放弃订阅费，因为这是美国在线在欧洲最主要的收入来源。

经过几个月的讨论，美国在线英国部的月费用降低了 45%，

3 个月后推出了一个免费的竞争性品牌，我们将在第 8 章讨论这个战略。但到了这个时候，它的损失已经很大了。2 个月后，英国免费服务网络公司以 24 亿美元的市值上市。18 个月后，尽管美国在线做出了反击，英国免费服务网络公司已然成为英国头号互联网服务商。

eToys：一个警示故事

虽然杠杆可以是一个非常强大的工具，但更重要的是，成功是永远无法保证的。在讲述柔道战略的原则时，我们主要讨论了各种不同战术的概念。但精确的移动只是战役的一半，与强大的对手竞争时，如何运用战术仍然是成功的关键。仅仅计划周到还不够，有时候一些小小的战术错误就能让柔道高手与胜利失之交臂。

一度是玩具市场佼佼者的 eToys 的命运就说明了这一问题。eToys 的策略巧妙地利用了杠杆作用挑战了传统玩具行业的巨人，如沃尔玛和玩具反斗城。此外，eToys 利用杠杆与另外一个零售商亚马逊展开竞争。虽然竞争没有那么激烈，但是最终实施策略时的一个关键错误给公司带来了沉重的打击。

eToys 创立伊始，托比·伦克（Toby Lenk）开始使用经典的柔道策略。“4 年半前，我在家里，有天凌晨 2 点的时候构思出这个商业计划。”他在2000年年末时回忆说，“我说‘首要的原则就是不去和沃尔玛硬碰硬’。”[19] 沃尔玛和玩具反斗城经营着大量的低价产品，它们的库存量远远大于玩具市场的需求量，而且经营成本已经低得不能再低了。这些都是沃尔玛和玩具反斗城这样的实体店控制市场的重要优势。但伦克的策略把它们的实体优势变成了网络上的负担。eToys不在价格上和这些玩具巨头竞争，而把购物和服务当作重要卖点，经销的专业玩具从小品牌到芭比这样的大品牌都有。此外，它还给顾客提供丰富的产品信息，让顾客不用去商店就能更方便地买到玩具。

当时的竞争对手，如玩具反斗城发现很难和这些营销方式竞争。在实体店中，货架空间是有限的，没有足够的空间摆放玩具。专业玩具的销售需要更多人手，招聘与培训员工来处理专业玩具的成本比在网络上提供相同服务的成本更高也更耗时。

此外，玩具反斗城因为把超过40亿美元的资本投在全美国的门店上，因此当它准备参与网络经营时，同样面临着一个令人痛苦的困境。当它推出网上经营时，公司要面临门店销售额减小的风险。据估计，人们到实体店的每次购买行为都可能产生38美元的意外购物消费，这可是一笔不小的损失。[20]

相比之下，eToys在网络上才能遇到的竞争对手，例如亚马逊，则不受这些限制。此外，亚马逊和eToys均受益于相同的长期经济学：根据伦克的计算，一个网上零售商要达到7.5亿美元的销售额需要在物流分配上支出 5 000 万 ~ 8 000 万美元，一个实体零售商要达到相同的销售额至少需要 5 亿美元的资本用于场地、配送中心和周转。然而，eToys 的管理层相信，和亚马逊相比，他们至少有一个对抗亚马逊的杠杆资源：大公司的供货面向全球，无所不包。eToys 计划调整自己的经销范围，专注于儿童产品。而亚马逊注重的是经营规模和范围，在这一点上亚马逊很难和 eToys 竞争。

eToys 的一些优势维持的时间并不长：亚马逊修正了软件缺陷，如在网站上搜索“玩具”时会出现“性玩具”这样的问题。但 eToys 专注于单一市场的做法也让家长们得到好处。例如，eToys 不提供一键订购之类的快捷方式，这样可以减少孩子们未经父母同意的订购行为。为了保持礼物的神秘性，公司没有把名字印在包装盒上，尽管包装盒可以树立一种品牌形象。eToys 使用的包装也对孩子非常健康：由玉米淀粉制成，即使吃进肚子也是无害的。

虽然线上线下的竞争对手实力都很强，但是经营的专一性让 eToys 有机会培养出坚实的竞争实力，公司在最初的三年里表现得很强劲。eToys 1999 年的假日销售额是玩具反斗城的两倍，并且领先亚马逊成为最大的网上儿童产品卖家。此外，就服务和配送而言，eToys 也表现出色，而玩具反斗城由于配送延误被美国联邦贸易委员会开出了 35 万美元的罚单。

但 eToys 也遇到了麻烦。为了迅速扩大，1999 年秋天，公司把约一半的业务外包出去，结果它的合作伙伴的物流系统在面对意料之外的需求时崩溃了。在圣诞节前一个月，eToys不得不派出200人到其外包的配送中心收拾残局，这对一个资本缺乏的新企业来说简直就是一场灾难。eToys在客户中失去信誉，其收入增速在接下来的一年中大幅下降。同样重要的是，公司在华尔街失去了信誉。物流问题极大地提高了eToys的成本费用，而此时投资者也开始要求利润回报。

为了不再出现配送问题，eToys投入巨资建成自己的自动化配送中心。eToys想采取和亚马逊同样的筹资策略，但亚马逊是在市场的鼎盛时期才筹资达几十亿美元的，eToys的情况则不同。虽然1999年秋天eToys的市值突破了80亿美元，但还是未能筹集到追加资本。其结果是，eToys发现自己得在低迷的市场中和别人争夺资本。eToys的股票价格曾一度攀升至86美元，到2000年底股价却仅为0.20美元，公司只剩下3个月的流动资金。2001年2月，eToys申请破产并宣布将关闭其网站。伦克的商业冒险从精心设计的战略和一流的产品开始，但在最后，却败于一个重要的假期和一个失败的筹资行为，筹资的失败让公司再也无法坚持下去。

利用对手的资产

- 以对手的资产为筹码，迫使对手为了反击你的进攻而损失自身的优势。

- 即使对手已经丧失了部分优势，继续将他的资产作为牵制他的砝码。
- 实施、实施、实施——杠杆策略是获胜的必要条件，但不是充分条件。

利用对手的合作伙伴

有时竞争对手成功的关键是拥有一个强大的合作关系网络。过去，许多公司都是靠发展自身控制市场。然而，自 20 世纪 80 年代末，企业不再强调打造自身的核心竞争力，而更加注重加强合作伙伴关系来保持竞争优势。

今天的合作伙伴扮演了各种角色。供应商卖给你零件，制造商给你提供生产厂房，经销商扩大你的销售范围，营销伙伴推广你的品牌。但企业间的合作关系并不仅仅表现为这样直接的关系。若即若离的合作伙伴也能对公司的前景产生影响。例如，合作伙伴不仅提供商品和服务，还能增加你的产品的价值，扩大需求，就像软件和计算机的关系一样。你可能不直接和合作伙伴打交道，但是你需要他们的存在。[21]

合作伙伴显然带来了很多好处，可以帮你节约资本、精力和时间，使公司能够发展得更快更强。但像所有的遗留问题一样，合作伙伴也可能成为桎梏，拘泥于已有的决策而阻碍发展。作为柔道战略家，你的任务就是要把对手的一些合作伙伴变成他的劣势。最初，竞争对手的合作伙伴可能看起来是你的敌人，但他们也可以成为你的盟友，你可以利用他们来限制对手的竞争能力。

索尼：与对手的伙伴合作

20 世纪 90 年代后半期，索尼就开始在家用游戏机市场同时与任天堂和世嘉两家公司展开竞争。这两个市场领导者对合作伙伴严加约束，收取高额的版权费，只允许为数不多的几个独立开发商为它们的机器开发游戏。这样做不仅能够保证游戏的质量，还能保证任天堂和世嘉两家公司都可以保持一个稳定的市场份额。热门游戏不仅刺激了销售额，而且其自身就是一棵摇钱树。12 年里，任天堂共卖了 10 亿份游戏，而世嘉单是“刺猬索尼克”这一款游戏一年就卖了 450 万份。[22]

一进入游戏机市场，索尼就利用杠杆策略把市场领导者变成了自己成功的筹码。索尼不但不控制游戏开发商，还给它们充分的自由。公司允许他人使用索尼的 PS 游戏开发工具，并且降低授权费，从而抓住更多潜在的合作伙伴。结果，1996 年春天，索尼发布了 250 款 PS 游戏，占领了 40% 的市场份额，前 18 个月就销售了 500 万台操纵器。[23] 3 年后，索尼给消费者提供的游戏数量为近 3 000 款，超过任天堂 64 位制游戏数量的 10 倍，售出了 5 000 多万台游戏机，一年的利润超过 10 亿美元。[24]

百事可乐：寻找薄弱环节

就在索尼利用竞争对手对其合作伙伴的控制时，查尔斯·古斯（Charles Guth）利用了对手对其合作伙伴的依赖。采用这种策略，古斯成功地将百事可乐从“一个空壳”变成一个家喻户晓的名字。[25] 百事可乐在 19 世纪 90 年代就开始创业，基本和可口可乐属于同期。然而，40 年后，当古斯收购百事可乐公司的时候，公司已大不如前。可口可乐已垄断美国市场，而百事可乐刚刚从第二次破产中挣扎出来。商业史学家理查德·特德认为，第一次世界大战后百事可乐“根本不在状态”。像加拿大汽水有限公司这样的竞争对手对可口可乐来说挑战性还是很强的，但百事可乐的情况就很凄凉，以至 1933 年古斯想将公司出售给可口可乐都没能成功。

在被拒绝之后，古斯想出的策略让百事可乐走向了成功。当时，6.5 盎司（约 192 毫升）一瓶的可口可乐卖 5 美分。古斯决定从价格上挑战可口可乐，价钱一样但分量却是两倍。当时有个流行的顺口溜：

> 百事可乐味道好，
> 12 盎司量不少。
> 5 分钞票量双倍，
> 百事可乐供您享。

经济萧条时期的消费者对百事可乐发出的信息反应非常迅速，3 年内百事可乐就开始赢利。10 年后，百事可乐已经在美国的软饮料市场排名第二，而且 12 盎司一瓶的百事可乐占碳酸饮料销售量的 25%，是 1935 年销量的 4 倍。[26]

22 年后，可口可乐也推出了大瓶装。在很大程度上，这一迟钝的反应都归因于可口可乐专制的 CEO 罗伯特 · 伍德乐夫（Robert Woodruff），正是由于他的坚持，可口可乐的曲线瓶才成为一个国际性图标。但在可口可乐的变革之路上，墨守成规的态度不是唯一的障碍，一些重要的合作伙伴，如灌装企业也极力阻止公司的改变。可口可乐的灌装企业是公司最大的资产之一。20 世纪 30 年代，可口可乐的灌装工厂有 1 000 多家，正是这些加盟商投入的资源使可口可乐成为美国最受欢迎的软饮料。然而，一旦百事可乐发动了攻击，很明显，这些加盟商就成了很大的障碍。

可口可乐灌装工厂为了生产 6.5 盎司的瓶型已在相关设备

上投资数百万美元，迎接百事可乐的挑战意味着要损失很多投资。[27]此外，在遭遇挑战时，可口可乐灌装网络的适应性就变成了缺点。要让上千家独立的企业接受新瓶型是一项艰难的任务。此外，灌装企业的境况也是不一样的，有的企业很赚钱，有的企业则苦苦挣扎。同时，可口可乐还想让所有的合作伙伴都能收支平衡，这使得它更难以应对百事的冲击。直到 1955 年，公司才推出了 10 盎司（约 296 毫升）的“大瓶装”和 26 盎司（约 767 毫升）的“家庭装”。但那个时候百事可乐已在全美国范围内站稳脚跟。

戴尔电脑：分化和征服

半个世纪后，迈克尔·戴尔（Michael Dell）使用这种策略和当时个人电脑行业中表现强劲的康柏[①]、惠普和 IBM 等大企业竞争。戴尔是一个天才的战略家，他凭直觉使用了柔道战略，并且他的竞争哲学就是：

> 了解行业的利润池，找到竞争对手真正的赚钱之处，为自己带来新的机会。先找到一个市场占有率高并且利润高的

① 康柏于 2002 年被惠普公司收购。——编者注

竞争对手，然后把它的实力变成它的弱点，这是多么令人向往啊。只要你的竞争对手的利润没有太大损失，它极有可能就不会回应你的攻击。我们把这称作竞争中的“柔道之术”。[28]

“戴尔的直销模式”是公司最大的创新，也是经典的柔道战略。戴尔最大的竞争对手是康柏公司，而康柏的最大优势之一是强大的分销网络，戴尔利用康柏的这一优势将康柏打败。康柏依靠数量众多的批发商、零售商和增值经销商把产品卖到世界各地。这些合作伙伴就是康柏的主要销售力量，补充其资源并延伸其触角。

但戴尔知道康柏的分销网络也是一个负担。因为这些分销网络增加了销售过程中的成本和时间，或许更为重要的是，存在着信息滞后的问题。康柏需要靠猜测客户的需求生产计算机，然后通过分销伙伴在产品过时之前销售出去。在电脑行业中，材料价格和成品价格每星期都要下降约 1%，错误的预测就意味着成本的增加。

戴尔做了不同的事情。这家公司的每台电脑在生产之前就已经被销售出去了。这意味着无须预测，库存很少，而且成本较低。戴尔解释说:“假设戴尔有 8 天的库存数。而竞争对手不仅自己有 25 天的库存，还要再加上分销商的 30 天库存。这就出现了 47 天的库存差异，而在 47 天中，材料的成本将下降约 6%。”[29]

此外，戴尔的推销特点就是建立了订购机制并且让顾客有机会来定制个人电脑。虽然戴尔的成本和价格较低，但其平均售价高于许多竞争对手。结果是，整个 20 世纪 90 年代，戴尔不断从竞争对手手中夺取市场份额，同时拥有了更强的赢利能力。10 年之后，戴尔公司在美国个人电脑销售排行榜上名列第一，迈克尔·戴尔则成为世界上最富有的人之一。

那么，为什么康柏不追随戴尔的市场策略呢？难道康柏不应该学习这样一个更好的商业模式来复制其挑战者的成功吗？在这种情况下，根据戴尔的杠杆借力战术，答案是否定的。康柏有三种选择，但至少就短期而言，这三种选择都不怎么样。第一，公司可以坚持我行我素，这显然没有意义。第二，可以复制戴尔的模式，但这意味着将进行彻底的技术改革，革新制造工艺，改变销售策略和重建营销团队。第三，它的销售渠道可以同时兼顾向客户直销或者通过销售商销售两种模式。但这一选择面临双重风险，感觉被出卖的经销商可能不再卖力地经销康柏的产品，而维护两种经销模式的成本会让直销不堪重负。

康柏选择了第三条路，而且不出所料，混合策略并没起到很大的作用。1997 年，康柏在引入“优化分配模型”时，发现其 59% 的经销商已经开始倾向于竞争对手惠普了。[30] 其间，康柏仍然无法在成本上和戴尔竞争。

早在 1994 年迈克尔·戴尔尝试采用混合策略摆脱零售渠道

的困境时，他就得到类似的教训。他发现受欢迎的产品可以是间接渠道销售的也可以是直接渠道销售的，但它们都仅仅“完成了一半的工作”。[31] 另外，企业的员工一半服务于零售模式，另一半服务于直销模式，就连销售人员和代理都要分别为两种模式服务，而这两种模式要求完全不同。正如戴尔所说：“退出零售……让我们所有的人都把重点百分之百放在直销模式上。思想上的一致性形成一种强大的合力。”[32]

通过集中精力经营直销模式，戴尔让竞争对手的伙伴成为其负担，使用分而治之的战术，迫使康柏合作伙伴的利益直接危害到康柏自身的利益。如果有经销商的通力合作，康柏在缺乏灵活性而且成本又高的情况下还可以放手一搏。但因为回应戴尔的直销策略，康柏发现自己在最需要合作伙伴的时候却被它们抛弃了。

利用竞争对手的合作伙伴

- 分化对手的合作伙伴，让其他公司感觉和你合作收益会更大。
- 抓住对手合作伙伴的弱点，使对手难以反击。
- 分而治之：挑起对手同它的合作伙伴之间的不和，迫使对手陷入艰难的抉择。

利用对手的竞争对手

和前两种杠杆战术相比，这一种听起来就像儿童游戏。让对手的竞争对手将其打败是一件更容易也更自然的事情。我们都知道一句古老的格言：敌人的敌人就是我的朋友。但柔道战略家不满足于坐下来让别人来做他们的工作。保持主动就是积极地制定一个战术，利用对手的竞争对手将其打败。

利用对手的竞争对手至少有三种不同的方法。首先，你可以提升他的对手的产品价值。其次，你可以与他的对手结盟。最后，你可以成为他的对手的经销商。利用以上三种方法中的任何一种，你都可以创造杠杆，使竞争对手难以反击你的进攻。

网景公司：提升竞争价值

尽管存在其他问题，网景还是曾经成功地利用此战术在与微软的竞争中保持住了优势。在操作系统市场中要保卫和巩固自身地位一直是微软工作的重中之重，因此微软决心要赢得这场浏览器大战，也就是要不惜一切代价地摧毁微软 Windows NT 的主要竞争对手 UNIX 操作系统。整个 20 世纪 90 年代，UNIX 仍然是高速、高容量网络的首选，而且大多数企业都混合使用 UNIX 和 Windows NT 两种操作系统。

操作系统的竞争为微软的对手提供了一个有利的杠杆借力的机会。通过开发应用程序 UNIX 平台的附加价值，它们可以利用微软永远不会采用的一种方式来巩固自己的位置。微软产品开发负责人保罗·马里兹解释说："我们不想和 UNIX 有任何瓜葛。"[33] 通过限制自己平台的发展，微软希望能迫使那些想要最新、最完善的技术的公司使用 Windows NT。

网景正是利用了这一机会全面推出了跨平台的信息。"什么样的操作系统都可以。"网景的联合创始人马克·安德森总是这样说，"操作系统应该是一个基于航海家浏览器的插件。"[34] 除了支持 Windows、Windows NT 和苹果的 Macintosh，网景的软件能够在 16 个版本的 UNIX 操作系统上运行，从惠普的 UNIX 到微软的竞争对手太阳微系统公司开发的 Solaris 系统都可以。使用不同操作系统的公司可以部署基于网络的技术，开辟了属于网景的一个市场。当 1999 年美国在线以 100 亿美元的价格收购网景时，跨平台服务器业务占网景 6 亿美元收入的 80% 以上，而且微软一直没有染指这类业务。

日本胜利公司：与对手的竞争对手建立联盟

如果对手的竞争对手在市场上已经有产品，第一个战术会起作用。第二次转机就是吸引对手的竞争对手加入战团并且和你建立一个联盟。当市场上已有行业标准而且规模决定胜负的时候，这种策略尤其有效。

早期的录像机市场就有一个这样的经典案例。[35] 当时是日本胜利公司（JVC）挑战强大的索尼公司。索尼于 1975 年在日本推出盒式录像机，并且靠录像机占领了市场。同时，胜利公司正在开发自己的标准，它的家用录像系统可以记录两个小时，因此得以占尽优势。但该公司在生产、分销和营销方面缺乏与索尼竞争的实力。

所以，胜利公司采用激进的策略冲击市场，即授权其他生产商生产家用录像系统，而且其他公司也可以重新包装录像机。索尼的许多竞争对手包括日立、三菱、松下、夏普、三洋、东芝都和胜利公司签约了。一年后，索尼也想建立自己的联盟，但为时已晚，所有最好合作伙伴都被抢走了。

索尼和家用录像系统阵营之间的竞争都已被记录在案。在接下来的 12 年里，双方竞争激烈，并决出胜负。胜利公司赢得这场竞争在很大程度上是凭借着早期建立的大联盟。到了 20 世纪 80 年代中期，索尼的市场份额已经下降到不足 3%，并于 1988 年放弃盒式录像机生产。

嘉信理财：细化对手的竞争对手

20 世纪 90 年代初，以折扣经纪公司身份出现的嘉信理财决定积极进军共同基金业务，并且使用了类似的战术。嘉信理财当时已经占领了一个滩头阵地，成立了一个基金超市让投资者购买各种小额基金。1989 年，共同基金委员会每年筹资 1 000 万~1 200 万美元给嘉信理财金库。[36] 但当时美国最大的共同基金企业富达投资集团每年有 480 亿美元的投资及近 5 亿美元的收入。[37] 相比之下，嘉信的这些钱只是杯水车薪。

嘉信理财 CEO 戴维·波特拉克对当时的情况描述如下：

> 查克·施瓦布很有远见，他认为我们需要开展共同基金业务。而我们面前的对手是富达集团、斯卡德尔公司、先锋公司。它们都基础雄厚，处于行业领先地位。它们有研究部门，有基金管理人员。总之，它们具备的条件我们都不具备。

嘉信理财没有可自由支配的资本或管理资源来发展这些能力。此外，波特拉克强调："所有这些公司都比我们大得多。"

嘉信没有多少胜算。但波特拉克下意识地利用了杠杆借力战术。"当竞争形势对你不利时，要想成功，就得尝试在竞争中彻底改变竞争规则。"他解释说。既然下决心要成为一个主要的共同基金企业，嘉信高管制订了一个激进的计划：让消费者购买嘉信理财共同基金超市的产品时，享受免费服务。嘉信理财不收取投资者的交易费用，而是向基金公司收取管理费用。这项措施比简单地降低收费额度意义更大。波特拉克解释道：

可以假设一下，如果我们必须告诉基金公司："我们8年来一直以第三方身份免费打理你的基金，现在我们这项工作开始收费，当然，如果你不付费，我们还是会继续打理你的基金。"没有人听到这些话会迫不及待地说："我马上就付钱给你。"要想让基金公司签署付费的共同基金业务并不是一件容易的事。

但嘉信理财手里有王牌。管理团队深信取消交易费会让基金销售量上升。为了证明自己的判断，嘉信理财在1992年初试行免交易费业务，几个分支机构免收手续费并承担了一定的损失。"你瞧，"波特拉克回忆说，"情况很明显，不收取任何费用的基金卖得很好。"

一旦证据在手，嘉信理财就着手吸引共同基金公司，年费为它们在嘉信共同基金超市OneSource平台上资产的25个基点。但即使这样，一开始还是很难吸引基金公司。"我们四处求人。汤姆·斯普（嘉信理财的一位前高管）、约翰·麦戈尼格尔和我费尽心机。"波特拉克回忆。在他们接触的20家基金公司中仅有8家同意接受。

OneSource平台推出于1992年7月，为消费者提供82种免交易费的基金。在随后的一年中，OneSource 平台资产达 40 亿美元。尽管嘉信提高管理费用，许多基金经理还是嚷嚷着要参与进来。[38] 在两年的时间内，免交易费的基金超市的资产已经超过了盈亏平衡点 100 亿美元，并且使嘉信公司成为美国第三大共同基金销售商。[39]

嘉信理财开始计划独占市场。富达集团出售别的公司的基金没有任何收益。波特拉克和他的团队认为："对于富达集团来说，如果卖自己的基金，有 100 个基点的收益。如果出售第三方基金，则只有 25 个基点的收益。对于它来说，卖别人的基金是不赚钱的。"因此，波特拉克相信其他基金公司不愿意和富达集团合作："我们觉得共同基金公司不会付费让美林证券和富达集团卖它们的基金，因为它们会害怕美林和富达把这当作窗口销售自己的基金。"相反，嘉信的地位则相当稳固。"嘉信没有自己的共同基金，"波特拉克解释说，"这对客户来说是一个公正的前提，而面对基金公司，我们可以说我们真的会帮你卖掉你的基金，我们不会打着帮你卖基金的幌子来卖我们自己的基金。"

由于受到嘉信公司的冲击，富达集团很快就采取行动开始回应。富达集团自 1989 年中期一直经营自己的多种基金业务，在 1993 年 7 月将 10 个基金公司的 195 种基金的交易费用取消。一年后，富达提供的免交易费基金品种比嘉信理财提供的多 25%，二者的数量分别为 350 种和 282 种。[40] 尽管富达进入了免费市场，嘉信还是利用杠杆作用保持领先。10 年后，公司持有超过 2 840 亿美元的共同基金。嘉信理财通过 OneSource 平台销售的第三方基金占总收入的 36%，货币市场和指数基金占 37%，剩下的是第三方基金的交易费用。1999 年，共同基金服务费用收入超过 7.5 亿美元。

在这一时期，富达集团的第三方基金销售仍然不敌嘉信理财。许多基金公司因为怀疑富达集团的动机而不愿加入进来。1994 年，景顺投资管理有限公司的高管告诉《纽约时报》："我们不通过富达集团卖我们的基金。这里有一个竞争问题。他们要向客户销售富达基金。他们说愿意卖任何基金，但他们大部分都是卖自己的基金。"[41]（景顺后来对其重新定位并与其签约。）另外，竞争对手不满意富达垄断客户并吸收资产流入货币市场基金（嘉信理财也有类似行为）。

但是，阻止富达市场增长的最大阻力来自集团内部。和零售券商接触较多的管理者认为，从长远看，公司要为客户提供更广泛的选择，但公司的许多高层人士不同意这种观点。富达集团是通过管理资本成长发展起来的，而不是靠卖其他公司的基金发家。而且管理人员敏锐地意识到，从某种程度上说，从其他基金公司拿到每一美元都得付出代价。"你有非常赚钱的基金产品，而且这些专利产品让你获得巨大收益。"一位高级管理人员解释。因此，富达集团倾向于把别的基金公司当成主要的竞争对手而不是客户。（而对于嘉信理财来说，这些公司就是客户。）在随后的竞争策略中，至少在最初，富达集团都失败了。

10 年后，富达集团已经克服了一些来自内部的阻力。事实上，有几家基金公司在富达的销量超过嘉信公司。但从嘉信理财的角度来看，这是一个双赢的局面。只要富达集团还在迟疑，嘉信理财就能保持领先。但如果富达集团致力于第三方销售，嘉信理财也还有机会赢。“如果我们迫使富达收取第三方共同基金 25 个基点的费用，而不是 100 个基点，”波特拉克指出，“它对付我们的本钱就会越来越少。”

利用对手的竞争对手

- 提高对手的竞争对手的产品价值。
- 与对手的竞争对手结盟，创造规模效应。
- 为对手的竞争对手的产品与服务提供销售渠道。

第二部分

柔道战略家

第 5 章

杰夫·霍金斯和唐娜·杜宾斯基

奔迈的移动原则

大猩猩怎么能学会飞翔？除非放弃大猩猩的本质。

——奔迈公司的禅学

硅谷深处的洛斯阿尔托斯是一个安静的住宅社区，街道两旁绿树成荫，充满乡村气息。杰夫·霍金斯和唐娜·杜宾斯基在这里的国王大道上的一间小办公室发起了一场不可思议的革命。在 6 年的时间里，霍金斯和杜宾斯基实现了研发掌上电脑的梦想并一举获得巨大成功。在这个过程中，他们快速推动了一个年销售额超过 30 亿美元的行业。

1992 年 1 月，杰夫·霍金斯成立了奔迈公司。他的目标是成为领先的掌上电脑应用程序研发商或“掌上电脑界的莲花公司”。霍金斯确信掌上电脑是未来的趋势，每个人都会有一台掌上电脑。他盘算着让每一台掌上电脑都运行奔迈公司开发的应用程序。

然而，到 20 世纪 90 年代末时，现实情况远远超出这一设想。奔迈电脑没有停留在“掌上电脑中的莲花公司”，而成了一个集

IBM、微软和康柏于一体的巨无霸。尽管强大的对手在这一行业的总体投资将近10亿美元，但奔迈掌上电脑还是脱颖而出，在推出后的一年时间内就占领了掌上电脑市场。1996年底，奔迈占据掌上电脑市场51%的份额；一年后，占据了2/3的市场份额；1998年底，奔迈的市场份额已增长到79%。[1]

其间，奔迈的操作系统PalmOS的销量始终超过其主要竞争对手微软的Windows CE系统。微软拥有大量的人力、财力和营销力量，但年复一年，还是奔迈保持领先。3Com先是于1997年收购了奔迈公司，后在2000年3月利用这一优势将奔迈分割上市。就像它的产品Pilot一样，奔迈的首次亮相非常成功，第一天收盘时就赢得市值530亿美元。

当时，奔迈公司是如何抓住了成功的机会从而击败微软的？为什么它成功了，那么多企业却失败了？在很大程度上，这份成就应归功于公司凭直觉把握住了柔道战略。杜宾斯基和霍金斯是实施小狗策略的高手。他们稳扎稳打，同时避免引起对手发出致命的攻击。他们敏捷地移动，避开对手的主场，争取竞争空间。最后，他们快速地利用初始优势实施连续攻击。

从Zoomer到Pilot：1992—1994年

充满激情的天才工程师杰夫·霍金斯和健谈、有能力的哈佛工商管理硕士唐娜 · 杜宾斯基于 1992 年开始合作。霍金斯是康奈尔大学培养出来的电子工程师，他从英特尔跳槽到位于弗里蒙特生产台式机和便携式个人电脑的网格系统公司（GRid systems），然后成立了奔迈公司。杜宾斯基是于 1980 年苹果电脑公司上市不久后进入公司的。虽然在许多方面他们都有所不同，但杜宾斯基和霍金斯还是组成了一个浑然天成的团队。霍金斯有远见、有创意，是企业的灵魂；杜宾斯基意志坚定，是企业的管理者。

奔迈公司最初的计划是开发手写输入的掌上电脑——一种新一代的小型、廉价、便携式手持设备，适合每个人使用。霍金斯在 20 世纪 80 年代中期开始涉足这个领域，他离开网格公司开始了对大脑工作机制的探索。霍金斯回忆起他决定到加州大学伯克利分校攻读生物物理学博士学位时说："我妻子觉得我疯了。"这的确是一个重大决定。"有一次，我发现有人用神经网络做模式识别，例如笔迹鉴别。"霍金斯解释说，"当我看到一个公司的模式识别器售价为 100 万美元时，我说'简直是疯了'，我可以做得更好。"

霍金斯研发出模式识别算法并且申请了专利，两年后他离开了学术界。回到网格公司后，他开发了网格平板电脑，其大小就像一个书写板，用的是黑体字。由于网格平板很受销售代表和送货司机这类人员的欢迎，霍金斯相信一定能发掘出一个手持设备消费市场。网格的母公司坦迪公司（Tandy）试图劝说霍金斯留在公司内实现自己的想法，但霍金斯更愿意自立门户。霍金斯离开坦迪公司时得到了30万美元及一些技术和销售权，代价是让出新公司10%的股权，并且募集了100万美元的风险投资，然后成立了奔迈公司。

可怕的牛顿效应

当奔迈进入计算机领域时，很多基础雄厚的大公司也开始进入该行业。1992年1月，当霍金斯忙着成立奔迈公司时，苹果公司CEO约翰·斯卡利（John Sculley）在拉斯维加斯的消费类电子产品展上投下一颗重磅炸弹，他宣布要把计算机和消费类电子产品合并成一个3.5万亿美元的市场，而且他把即将开发的新一代产品称作个人数字助理（PDA）。[2] 斯卡利用富有感染力的声调，为人们描绘了未来的手持设备使用前景：人们随时随地都可以获取信息，使用信息。最后，他说苹果公司计划于1993年推出第一代个人数字助理，后来这批产品被命名为“牛顿”（Newton）。

当时，奔迈公司不仅要和苹果公司进行针锋相对的竞争，还要和一长串的对手竞争，包括微软、IBM、惠普、德州仪器、美国电话电报公司和NCR公司。但作为新成立的小企业，奔迈公司并不想独立发起挑战，其第一个产品 Zoomer 就是多家企业的共同成果：卡西欧的硬件、GeoWorks 公司研发的操作系统、奔迈的应用程序，而坦迪公司负责销售。

1993 年 10 月，奔迈公司推出了 Zoomer，无论不到 1 磅（约 0.45 千克）的重量还是 700 美元的价格都和两个月前苹果公司推出的牛顿掌上电脑旗鼓相当。虽然当时很多评论员称赞 Zoomer 的应用程序，但霍金斯自己也承认 Zoomer 体积大、速度慢，而且价格昂贵，手写识别也“不怎么样”。即使 Zoomer 是一个更好的产品，它仍然很难摆脱分析师嘴里说的“可怕的牛顿效应”。[3] 苹果夸下海口，但牛顿掌上电脑没有达到预期效果，尤其是书写识别功能受到漫画书《杜斯别里家族》（*Doonesbury*）无情的讽刺。“牛顿让整个行业受到巨大的挫折，”杜宾斯基发现，“它的负面影响很大，以至给整个行业蒙上了一层阴影。”

自力更生

霍金斯重新设计第二代产品，修正了 Zoomer 的很多缺陷。但是苹果公司的牛顿效应又一次产生作用。“卡西欧拒绝加盟，”杜宾斯基回忆说，“坦迪公司拒绝参与产品生产。每个人都说我不想再给这么蹩脚的产品投资。我们的第二个产品要想获得支持确实很难，所以我们得自己完成掌上设备的所有软件。”其中有一款软件要把惠普的掌上电脑和台式计算机之间的数据同步。Zoomer 的大多数买家都买过类似的应用程序，杜宾斯基说："人们都认为没有独立的掌上设备，它们只是个人电脑的配件罢了。"

每个人都说第二个项目会失败：这种颠覆性的手写辨识强迫人而不是计算机去适应输入模式。霍金斯的 Graffiti 输入法使用了一种简化的单笔画字母表，例如 A 没有那一横，这样电脑识别起来就容易得多。"我们对人们说，'电脑不能适应你，你要适应电脑'。这是一个激进的理念。每个人都说，人们不会改变他们的写作方式。好吧。"他笑着说，"最后人们还是改变了书写方式，就像他们学会了打字一样。"

"你知道该怎么做"

尽管有了这些进展，奔迈公司还是缺少支持。"我们只有很少的收入，"杜宾斯基回忆，"我们当时的产品并没有成功，为'牛顿'设计的 Graffiti 输入法收益并不大。"公司不得不在 Zoomer 失败前停止投资，这样银行里还能有点资本。"但我们没有前途，我们没有未来。"她回忆说。

杜宾斯基和霍金斯的困境一直持续到 1994 年初，当时有个投资者给他们指了一条明路。一直支持奔迈公司的风险资本家布

鲁斯 · 唐勒维看着士气低落的伙伴，犀利地指出：“我讨厌你们这么抱怨下去。你们知道该怎么做，为什么不去做？”

“我从来没有想过从零开始，”霍金斯解释说。“但第二天我就想明白了。我说好吧，新产品必须可以联网，小得可以装进衬衫口袋，价格不能高于 299 美元，必须有 Graffiti 输入法，必须有一键同步功能，而且使用起来要比用纸张更快更容易。”

从头开始：1994—1996 年

霍金斯手拿一块类似掌上电脑大小的木头，开始着手研发他的梦幻产品。他先提出一个简单的问题：客户真正需要的是什么？唐勒维的发问让霍金斯确定了自己首要的目标：集一键同步和 Graffiti 输入法于一身；速度快；体积小巧，便于携带；价格便宜。但是来自这个行业的传统思维干扰了他的研发工作。“我们开了无数次会议，”杜宾斯基抱怨，“大家都说：‘你不能做一个无法连接无线信号的产品，没有人想要这种产品；产品不能没有电子表格；你不能做一个没有电脑卡插槽的产品。’”

早期的产品追求的是功能丰富。每个人都认为成功产品的特点就是体积小、功能多。时任微软 CEO 史蒂夫 · 鲍尔默（Steve Ballmer）把这种理念形容为“一个满是管道却没有马桶的卫生间：功能很多，但不实用”。鲍尔默承认自己以前也是这种思路：

“对于手持设备，我们附加了很多功能，却都不便于客户使用。”

奔迈公司却选择了另一条路。“听了同行的看法之后，我们说：‘现在的大部分产品都要有这些东西，而我们却没有。’”霍金斯回忆说。因此，Pilot 掌上电脑在许多方面和个人数字助理不一样。奔迈公司的第一个产品功能不多，但它却方便快捷性能好，用杜宾斯基的话说就是奔迈掌上电脑“从用户的角度来看，性能非常高”，没有启动延迟或者等待光标一类的问题。此外，Pilot 掌上电脑坚持电信行业“5 个 9”的高可靠性标准。换句话说，它 99.999% 的时间都工作正常。相比之下，个人电脑程序往往一天会崩溃几次。

奔迈公司决定推出更好的产品。霍金斯和杜宾斯为公司的下一步发展奠定了有利的基础。如果奔迈公司能够推出一款类似于瑞士军刀那样的多功能组合型产品，那他们的竞争对手就一定会失败。大公司通常擅长于在功能上做文章，像微软这样的竞争对手从不在简单、实用和精致的标准上下功夫。这给了奔迈这样的小公司一个重要机会。

奔迈公司的禅学

奔迈公司的高级产品设计师罗布·灰谷（Rob Haitani）会用禅学向公司员工解释公司的发展战略。灰谷用三个谜语诠释了“奔迈公司的禅学”这一题目。他说，为了成功，奔迈公司要解决三个问题：一只大猩猩怎样才能学会飞行？如何才能把一座山放进一只茶杯里？如何才能防止一只蜥蜴从悬崖上掉下来？[4]

大猩猩怎样才能学会飞翔？“只有放弃它的本质。”灰谷说。奔迈公司的产品只要抓住简单好用这一点就能迫使微软放弃其最喜欢的战术，即为了竞争而给产品添加更多功能。奔迈公司的胜算就在于微软这样的软件巨头将不可能放弃自己的战略原则。因此，灰谷坚持认为，只要奔迈公司坚持走自己的路，“微软就不可能打败我们”。

奔迈公司的“把一座山放进一只茶杯里”的理念旨在帮公司发掘顾客的真正需求是什么。“从山里挖出一颗钻石，把钻石放进茶杯里。”灰谷说，“你需要的是土和石头吗？”答案当然是否定的。奔迈公司把一些无意义的工作留给微软及其盟友。

最后，为了“不让蜥蜴从悬崖上掉下来”，避免失去其领先地位，奔迈公司就要“移动悬崖”，继续重写竞赛规则。创新不是一劳永逸的事情，为了让公司保持领先地位，霍金斯和杜宾斯基要保证奔迈公司的技术和商业模式稳固地占据手持设备市场。

创造出即用的愉快体验

奔迈公司最重要的创新之一就是，采用的商业模式能够打破现行做法，将软件和硬件设计结合起来。杜宾斯基和霍金斯坚定地认为因为手持设备存储空间很小，所以应该同时驱动硬件和软件。杜宾斯基认为 Zoomer 掌上电脑没有成功的原因就在于参与设计的人太多。她说："设计缺乏视觉的一致性，没有具体的人为之负责。"

相反，Pilot 掌上电脑的视觉风格一致，确保了它的硬件包括按钮、手写笔、屏幕笔和软件（操作系统和应用）形成了一个整体。这个模式已经超出了当时计算机领域大多数从业者的认知。（虽然苹果是一个例外，但"牛顿"给公司带来的影响还没有完全消除。）日本的卡西欧和夏普虽然精于生产小型设备，但在软件方面没有优势。因此，杜宾斯基和霍金斯觉得自己稳操胜券。"我们知道它们是怎么想的，我们知道它们是怎样工作的。"杜宾斯基解释道，"他们不能创新，它们不能做软件，它们对平台一无所知，所以基本上，我们认为它们不能对我们造成威胁。"

虽然微软是一个更强大的竞争对手，但在奔迈公司改写了竞争规则后，微软的竞争实力就下降了。微软通常将其软件授权给许多合作伙伴用于不同的硬件设备。或者正如杜宾斯基所说的，微软都是"做好参考设计然后将设计推向合作伙伴"，如硬件生产商戴尔、IBM 等。微软在个人电脑市场已经凭借这一策略获得了丰厚的回报，但奔迈公司的高管非常自信地认为，微软在手持设备市场将会失败。“微软的商业模式在这个领域是一个非常错误的模式。”奔迈公司的营销副总裁爱德 · 科林说，“行业链条中的工作人员包括操作系统供应商、应用程序供应商、工具开发人员和硬件开发人员。我们的想法不太一样。我们认为还应该有一个环节，那就是一个令消费者愉快的直接可用的体验。”

奔迈公司的移动原则：划定竞争空间

面临的挑战： 你面对的竞争对手实力强大，多年来成功地掌握制胜策略和技术。

解决方案： 划定能够发挥你优势的竞争空间，让对手的实力难以发挥作用。

- 重新定义产品标准，以使成功更多依赖于技术而不是资源。
- 创造新的商业模式，采取和对手背道而驰的竞争风格。

走向市场：1996 年

当霍金斯专注于研发 Pilot 掌上电脑时，杜宾斯基着手募集资本。这是一场艰苦的战斗。杜宾斯基感叹:“我找不到想投资100万美元的人，我们在错误的时间、错误的地点进入市场。”互联网和整个行业刚刚起步，人们并不看好奔迈公司。杜宾斯基回忆:“这个行业已经损失了10亿美元，到处都是有信誉的大公司推出的失败产品:贝尔南方公司和IBM的西蒙电话、摩托罗拉的Envoy无线通信机、“牛顿”和Zoomer掌上电脑。还有许许多多类似的产品都失败了。”

此外，微软正在针对微型设备开发自己的操作系统，因此与微软竞争的前景并不乐观，这一点吓跑了很多潜在的投资者。而一些潜在的合作伙伴如康柏公司和东芝公司“不打算再激怒微软了”。在奔迈公司，跟微软有关的任何风吹草动都被称作“比尔的电话”，比如，如果比尔·盖茨给你打电话你打算怎么办?你会打退堂鼓吗?杜宾斯基回忆与潜在的投资者谈判时不断遇到的问题是:你怎么可能与微软竞争?没有人会资助你!

最后，专门生产调制解调器的美国机器人公司(USR)决定冒险试一试。该公司的资产有10亿美元。1995年9月，美国机器人公司收购了奔迈公司，并向杜宾斯基和霍金斯保证奔迈将作为一个独立的子公司继续经营下去。两年后，网络产品生产商3Com公司收购了美国机器人公司，奔迈成为3Com公司的一个部门，当时3Com公司的资产达50亿美元。

5 万个富有的男性电脑迷

有了美国机器人公司的资本支持，1996 年 1 月，奔迈在一次专门的行业会议上推出了 Pilot 掌上电脑。发布场地的选择也反映了一个深思熟虑的战略决策。作为奔迈的母公司美国机器人公司不希望在行业会议上推出产品，美国机器人公司的高级管理层强烈希望在拉斯维加斯的消费类电子产品展上推出 Pilot 掌上电脑。拉斯维加斯消费类电子产品展上的观众数量要超过发布会观众数量 100 多倍。“但是我们认为 Pilot 掌上电脑在拉斯维加斯的发布不会成功。”杜宾斯基回忆说。即使已经成为美国机器人公司的子公司，奔迈还是缺乏席卷大众市场的实力。“唯一的成功机会就是用户能够喜欢我们的产品。”杜宾斯基说。

在行业会议上，Pilot 掌上电脑受到 600 家企业领导的热烈欢迎。但即使这样，杜宾斯基和霍金斯也不知道 1996 年春季产品推向市场时会是一种什么状况。杜宾斯基回忆说：“当年我们第一代产品的预测销售量是 10 万台，结果证实我们这种想法是错误的。我们不知道这次会是什么情况，所以我们都有点紧张。”

前 5 个月，每月销量为 1 万台左右。但是，一开始的那 5 万个用户都是有实力的重量级人物。他们自诩是计算机专家，年平均收入超过 10 万美元，年龄都在 35 ~ 45 岁，95% 是男性。“我们称之为富有的男电脑迷，”杜宾斯基动情地说，“那 5 万位男士成了我们的义务销售员。他们把 Pilot 掌上电脑推荐给自己的同事、邻居和朋友。他们买 Pilot 掌上电脑作为圣诞礼物送给朋友或同事。Pilot 掌上电脑就是这样开始起步占领市场的。”

施展小狗策略

杜宾斯基和霍金斯看到 Pilot 掌上电脑的成功当然非常满足，但是同时他们又意识到销量快速上升会带来两种后果。一是公司稳步进入市场，为今后发展打下了坚实的基础；二是引起像微软这样的竞争对手的敌意，那么奔迈在做强之前可能就被它们压制住了。

为了降低风险，奔迈公司的管理者小心地在个人电脑市场的边缘地带找自己的定位。杜宾斯基和霍金斯没有释放出 Pilot 掌上电脑的全部实力，而是让外界感觉这只是个小众化的产品。杜宾斯基说：“我们没有把产品称作电脑，我们也不把产品称作个人数字助理，我们说这只是个连接到你电脑上的小管理器。”从某种层面来看，这种说法也是针对消费者的，当年他们曾对牛顿掌上电脑及其他手持设备满怀期望而后又失望至极。“当年的那些产品有很多夸大其词的说法没有兑现，我们不得不走向了另一个极端。”杜宾斯基解释道。但是对于公司的竞争对手又需要区别对待。用杜宾斯基的话来说，Pilot 掌上电脑的定位是个人电脑的附属品而不是替代品，因此奔迈公司向潜在的对手发出一个信号："别担心，这没有什么大不了的。"

幸运的是，当奔迈公司开始迅速发展时，对个人电脑市场上的微软、康柏和 IBM 等重量级企业来说，管理器市场还是一个边缘地带。"这是他们最不重视的地方。"杜宾斯基深有洞见。由于网络的兴起，奔迈公司的飞速发展并没有引起各方面的注意。几年前在掌上电脑研发上投入数亿美元的那些公司，现在已经被网络迷住了，将注意力转向了网络业务。微软更是如此，正全力以赴地和网景公司争夺市场。对于杜宾斯基来说，这真是天大的幸运。"当我们意识到互联网正在兴起的时候，我们都很高兴。"她回忆说，"我们说，'哦，盖茨一时半会儿不会注意我们了'。我们一直认为在微软公司研发手持设备的那些人从未受到重视，他们的工作从未入过盖茨的法眼。互联网无可争议地成为微软真正的主攻阵地。"

但是，奔迈公司并没有把微软的忽视看作理所当然。杜宾斯基和霍金斯在为 Pilot 掌上电脑定位时一直很小心谨慎，避开可能引起微软攻击的敏感领域。网景公司陷入危机的关键原因就是对航海家浏览器的定位是要取代 Windows 平台，而 Windows 正是微软公司拥有强大实力的基础。奔迈公司则相反，他们没有把 Pilot 掌上电脑定位为一个平台，而是一个设备。（事实上，公司从一开始就意识到，Pilot 掌上电脑既是平台也是设备。）杜宾斯基说："我们总是说，'看，如果微软有一个像样的平台，我们就会考虑使用。我们首先是一个设备公司'。"她又补充道："当然，他们没有一个像样的平台，所以这是一个有争议的问题。"

这些动作不勇敢也不迷人，但的确有效。在微软的史蒂夫·鲍尔默看来，直到奔迈公司推出 Pilot 掌上电脑两年后，微软才把它作为重要的竞争对手看待。"他们早在 1998 年初就引起了我的注意，"他若有所思地说，"但我没有特别重视。"这其中的部分原因是互联网吸引了公司的注意力，而且微软缺乏警觉也要归功于奔迈公司成功地将手持设备市场塑造成一个没有威胁的形象。"让我们假设市场能够翻两番，"鲍尔默简要概述了微软的考虑，"我们认为对于各方面来说，潜在的市场利润是 4 亿美元。奔迈公司已分走一些份额，然后我要和我的原始设备制造商（OEM）分享剩下的份额。最后算下来，这项业务的总利润池没有引起原始设备制造商或微软的兴趣。"

相反，如果奔迈公司把 Pilot 掌上电脑作为个人电脑的替代品推向市场，那么奔迈的操作系统就对 Windows 操作系统构成了直接的威胁，这样鲍尔默可能就会发现一个充满吸引力的阵地。而对于奔迈公司来说则是一个令人恐惧的状况。

奔迈公司的移动原则：小狗策略

面临的挑战：当你进入市场时，就会产生风险，引起更多强大竞争对手的关注。

解决方案： 为了避免受到全面攻击，尽量让自己看上去没有威胁性。

- 首先迎合行业中的思想领袖和先行者，占住一席之地，而不是对大众市场展开正面进攻。
- 向对手表态：你们的产品可以共存。
- 在把事业做强之前，不要威胁对手的核心业务。

保持领先：1996—1997 年

1996 年底，奔迈公司的产品在手持设备市场排名第一，赢得 51% 的市场份额，9 个月的时间卖出 36 万台 Pilot 掌上电脑。前市场领袖惠普公司排名第二，它的产品用的是和 Zoomer 一样的 Geoworks 操作系统。苹果公司的牛顿掌上电脑占市场份额的 9%，排名降到了第三位。[5]

但更为激烈的竞争就在前面。5 年内经过两次失败后，微软在 1996 年 11 月回到了手持设备市场，并推出第三代微型操作系统 Windows CE。Windows CE 操作系统主要用来连接键盘，提供了熟悉的 Windows 界面及精简版的微软 Word 和 Excel 应用程序。此外，微软的最新操作系统有强大的联盟，当时主要的电脑制造商，包括康柏、惠普、NEC，都乐于生产基于Windows CE的设备。早期的Windows CE系统虽不如Pilot掌上电脑简洁精致，但鉴于微软以往的表现，杜宾斯基和霍金斯知道它的性能最终会被改善的。

快速进入市场

为了保持领先地位，奔迈公司不断发展，每年至少向市场推出一款新产品。11个月后奔迈公司推出了更耐用的新版本的掌上电脑，同时还有背光照明及新的应用系统。奔迈公司的工程师们开始同时研发奔迈Ⅲ、奔迈Ⅴ、奔迈Ⅶ（见表5-1）。杜宾斯基解释说，尽管这种决定对管理工作来说是一种挑战，但奔迈相信同时研发三个项目能够让公司在竞争中脱颖而出。

表5-1 奔迈快速占领市场

推出时间	产品类别
1996年4月	Pilot
1997年3月	奔迈Pilot专业版、个人版
1998年3月	奔迈Ⅲ
1999年2月	奔迈Ⅲx和奔迈Ⅴ
1999年5月	奔迈Ⅶ

奔迈Ⅲ是改进后的产品，奔迈Ⅴ和奔迈Ⅶ则反映了奔迈重新构思产品、继续界定竞争空间的野心。“奔迈Ⅴ注重的是风格，而风格不是微软的强项。”霍金斯说，“奔迈Ⅶ完成了无线连接的解决方案，这是再次重写规则。没有人做过这样的事。我对自己说‘微软做不到’，这是真的，他们不能。”

负责生产物流的迈克·加卢奇采用了三个步骤帮助公司跟上霍金斯的想法并以世界一流的速度进入市场。第一是理念设计带动整个过程。“我们在技术上不冒风险。”霍金斯说。奔迈公司的工程师不给自己增加技术上的高难度，也不抱过多的期望，这样就能及时推出新产品，否则就会耽误几个月甚至几年。“我们不想锋芒外露，”加卢奇补充说，“我们以最恰当的方式做该做的事情。”因此，奔迈公司避免了由于技术问题造成的延误。很多初创企业会因为技术问题减缓发展速度。

这种脚踏实地的做法也反映在奔迈公司对同步工程的依赖上。传统的产品开发方法都是按顺序展开的，正如加卢奇所说：“程序通常是先设计产品，然后交给生产商，生产商把产品生产出来后再找出产品存在的问题。”与此相反，奔迈公司把重点放在前期工作上。“从杰夫半夜醒来穿着睡衣嚷嚷‘尤里卡，我有个关于产品的好主意’的那一刻起，我们就组成包括生产部门的跨领域团队。从提出想法的第一天开始，我们就作为设计团队的一分子一直坚持到确保该产品可以生产的那一刻。”加卢奇回忆说。

最后，奔迈公司让自己的合作伙伴来处理许多非核心任务，公司内部则不再浪费有限的时间和资源做这些工作。杜宾斯基说："我们一开始人手不多，早期可能是 25 个或 28 个人。"所以公司几乎把全部的工作都外包：电气工程、机械工程、工业设计和制造。霍金斯只是从理念上引导着奔迈公司掌上电脑的研发，奔迈的工程师只研发基本软件（操作系统和主要应用程序，如地址簿、任务列表和备忘录）。

最初，奔迈的战略就是设计产品。即使公司得到了美国机器人公司的投资，后来又得到 3Com 公司的资本支持，奔迈的高管也更喜欢依靠合作伙伴来完成许多工作。加卢奇说，公司的理念是把重点放在其核心竞争力上。"我们是一家研发和营销掌上电脑的公司，"他说，"我们不是生产厂家，产品生产不是我们的专长。"但是奔迈的合作伙伴，比如生产商，往往是该领域非常优秀的企业。

这一战略成了奔迈公司与其母公司争论的一个焦点问题，因为美国机器人公司和 3Com 公司都有充足的生产能力。每当美国机器人公司和 3Com 想让奔迈把未利用的生产能力利用起来时，杜宾斯基却坚持认为外包企业的生产速度更快，而且能更好地完成工作。最后，双方都会各让一步，妥协的结果就是外包部分工作，剩下的工作则在总公司内部完成。

快速占有市场

奔迈公司努力快速进入市场是为了实现一个更大的目标：在日益激烈的竞争中争取自己的市场份额。霍金斯和杜宾斯基先人一步采取行动，然后划定竞争空间，为自己争取到宝贵的机会。但是他们知道必须得分秒必争。比赛的发令枪响过之后，微软可能会有一段跌跌撞撞的过渡期，比如它的第一代产品和第二代产品都不算成功。但在大多数情况下，微软最终会迎头赶上。因此，在微软推出一款比 Pilot 掌上电脑更棒的产品并且加大营销攻势之前，奔迈公司的任务就是锁定一个大规模的用户群。

奔迈公司的产品定价较低（同样的产品，奔迈的价格为 300 美元，Windows CE 的标价为 500 美元），而且每年都要降价，公司以这种方式大量地吸引重要客户群。霍金斯在网格公司时就学会了要找到正确切入点，然后再开始行动，网格公司的第一个手持产品的价格超过 8 000 美元，“人们都觉得网格公司只生产昂贵的电脑，”霍金斯说，“无论它再做什么，也无法改变这一形象。”

奔迈公司的管理人员经常能感觉到，奔迈公司要和美国机器人公司公司或 3Com 公司的高层进行斗争才能捍卫自己的战略。营销主管艾德·科林根回忆说：“3Com 公司的 CEO 埃里克·本哈默（Eric Benhamou）总是问：‘你们为什么要降价？这个市场是你们的啊！’我们只是坚持说：‘因为我们可以降价而且我们应该降价，我们希望更具有竞争力，我们必须不断地争取市场。我们还将继续这样做，不给竞争对手留下立足之地。'”激烈的辩论场面令杜宾斯基记忆犹新："毋庸置疑，这项业务是颗耀眼的明星。我的感觉是如果你在一个大规模的新市场中处于第一的位置，你就得全力投入这个市场，然后再从其他业务中收回投资。相反，每个季度总公司都要告诫我：'你必须削减费用，你必须增加盈利。'每次我按照计划降价时，总公司的高层就会发来一封讨厌的电子邮件。”

实际上，在之前两年半的时间里奔迈公司因降价带来的损失很小，总共相当于 1.22 亿美元销售额的 10%，而公司在 1998 年就开始赢利了。奔迈公司首次募股上市时，公司已经销售了 5.63 亿美元的产品，赢利 4 800 万美元。[6] 但是，3Com 公司总是想赚得更多。面对这种压力，每次杜宾斯基的回答都是一样的："你们知道吗？你们过于关注我是否能够赢利了。”她争辩说，如果有必要，奔迈公司可以有更多盈利，但是一门心思地追求利润会妨碍奔迈公司的进一步发展。虽然奔迈公司已经打赢了一次战斗，但是它还要赢得整个战争的胜利。

杜宾斯基之所以决定在竞争的现阶段将争取更多的市场份额放在赢利的前面，是希望奔迈公司沿着学习曲线快速运动，让对手难以与其竞争。但是，奔迈公司的战略最具有竞争力的表现在于公司的产品能和第三方应用程序及设备兼容。杜宾斯基说：

“一开始就是想做一个平台产品，尽可能多地争取市场份额和安装基础，并吸引尽可能多的开发人员，然后网络效应就产生了。”随着市场份额的增长，其他公司开始开发和销售与 Pilot 兼容的应用程序，而这些应用程序又会让 Pilot 掌上电脑更加好用。因此越来越多的人购买 Pilot 掌上电脑，这导致研发人员开发更多的应用程序，久而久之，奔迈就能拥有一个大规模的基础用户群。在这一点上，杜宾斯基解释说：“我们可以开发一个产品线生产高利润产品，这样我们在竞争中就会受到保护。”

奔迈公司通过和产品研发企业接触，按照这一思路发展下去。但是如果它要发动全面进攻就会违反小狗策略。因此，1996 年初，公司在推出 Pilot 掌上电脑时悄悄地发布了一个软件开发工具包。此外，为了让开发人员能更轻易地为掌上电脑研发新软件，霍金斯采取了不寻常的一招，他比开放源码运动提前两年发布了基本应用程序的源代码。但公司对于其他程序员来说最大的吸引力是可以提供一个成熟的市场。因此，在奔迈的用户达到 100 万时，该公司受到许多研发者的青睐，并于 1997 年 10 月召开了首次研发人员大会。

奔迈利用这一战术得到一个关键的武器，因此在和微软的竞争中赢得了研发人员全心全意的支持。[7] 但是微软可以向其他软件公司提供奔迈没有的资源。科林解释说：“他们会提供最初的发展资金，拥有各种研发优势，总是举办大型展览会，而我们什么也没有。”更重要的是，微软响亮的名字更有分量。科林回忆说，当 Windows CE 发布时“人们不得不说，‘嗯，微软要击垮奔迈了？’有段时间，很多人开始转向微软的产品”。不过，奔迈能够赢回顾客的原因很简单：奔迈阵营中的用户更多。到 1997 年底，奔迈占据 2/3 的市场，而基于 Windows CE 的产品以 20% 的市场占有率远远落在后面。[8]

奔迈公司的移动原则：快速发展

面临的挑战：在竞争中你已经处于稳固的领先地位，下一步该怎么办?

解决办法：利用这个机会尽可能地巩固自己的地位。

- 理顺自己的步骤，继续快速改善你的产品或服务。
- 在网络效应具有重要作用的行业里，不要贪婪。为了赢得市场份额和大规模的用户群，要采取进攻性的定价策略。

集中精力：1997—1998 年

在这一时期，奔迈有许多机会拓展它的品牌。杜宾斯基回忆说：“有人提出授权给我们这样那样的产品，包括机顶盒和大屏幕手机，我们一直在选择，是利用这个自己创造的前途远大的机会，还是保持一个小团队专注地干自己的事情。”

在许多情况下，奔迈决定自己去寻找机会。1997年9月，杜宾斯基与IBM协商合作销售Pilot掌上电脑，在市场上以IBM的WorkPad掌上电脑的牌子出售。此外，IBM还同意在日本销售Pilot掌上电脑。一个月后，奔迈和美国讯宝科技有限公司（Symbol Technologies）宣布，两家公司在包括零售、包裹递送和生产在内的环节进行合作，并在垂直市场上出售以奔迈为核心的产品。1998年2月，高通公司和奔迈签署了电话操作系统合作协议。

然而在大多数情况下，奔迈会拒绝有意前来寻求合作的公司。艾德·科林评论说：“我们无法同时做很多事情，所以我们不得不有所选择。”即使是在销售火爆时，奔迈也需要把资源集中于一个目标：生产和销售世界上最好的手持设备。如果公司增长过度，它可能会出现问题，给对手创造可乘之机。杜宾斯基说：“因此，我们拒绝了许多专利授权机会，因为我们觉得根据别人的意愿调整自己的产品意义不大，而且我们不想在非核心业务上花费太大精力。”

为了能在大屏幕手机上使用手持奔迈操作系统，奔迈的研发人员要开发出支持大屏幕手机的系统。只要系统开始运行，就会出现重叠窗口的问题，然后下一步就要解决可缩放字体的问题。杜宾斯基说：“过度推广奔迈操作系统和标准会使工作越来越复杂，即使推广成功也会有后续的问题。转型后的产品可能没有多少利润，再说触屏手机也不一定就会受欢迎。而且这意味着我们得投入大批的技术骨干，本来这些人可以从事奔迈新产品的研发。”

她总结道：“虽然说‘不’很难，但是我想那是我们做出的最正确的决定。和其他企业比起来，我们更清楚自己要做什么，不要做什么。”

奔迈公司的移动：快速发展

面临的挑战： 成功起步后，你将面对拓宽产品种类和扩大品牌影响的诱惑。

解决办法： 保持专注。过度扩张将迅速减缓发展速度。

- 开始时，选择不会让你的核心资源负担过重的补充项目。
- 当公司规模扩大、管理水平提高后，再谨慎地拓展产品的范围。

“成为领先者，并保持领先”

奔迈在回应其最严重的挑战时也有类似表现。1998 年 1 月，微软加快走向手持设备市场，推出新版本的操作系统 Windows

CE 2.0 及一个被称为 Palm PC 的新设备。在这之前，微软同类产品的重量接近 2 磅（约 0.9 千克），还有一个键盘。而微软的 Palm PC 和奔迈的掌上电脑在大小和设计上几乎没有什么区别。[9]

对于杜宾斯基和霍金斯来说，微软 Palm PC 的推出标志着一场全面战争的开始。微软不仅仿造了奔迈的外观和感觉，该公司的简报末尾还明确向研发人员表明 Pilot 掌上电脑是核心攻击目标。很明显，对于奔迈公司来说，再睿智的定位也无法避免这次全面的攻击。鉴于奔迈的成功，公司之前打造的小狗形象已不复存在。

此外，微软 Palm PC 构成了比早期基于 Windows 的产品更大的威胁。微软不仅在产品外形上做了改进，让产品更容易为消费者所接受，还和自己的硬件合作伙伴一起把最新产品的平均价格降低到 400 美元左右，大致相当于同一时间推出的奔迈Ⅲ的价格。此外，微软 Palm PC 有许多新功能，包括语音备忘录、收到信息时有震动提醒、一个 LED（发光二极管）灯可以提醒用户的预约事项，而且屏幕更大。

面对微软的最新动作，奔迈公司的压力相当大。霍金斯回忆说："新闻界传出信息，'Windows CE 的功能比奔迈多，他们要挤垮奔迈了'。外人对于这一点都深信不疑，公司内部也有人相信。"但霍金斯和杜宾斯基认为，如果陷入和微软的口水战将是致命的错误，因为奔迈公司已经成功地定义了市场规则，并且处于同行业领先地位，如果忙于和微软纠缠，那就是承认微软是个强大的对手。这可能最终会导致自己在竞争中失利。

正如奔迈公司的禅学所警示的，奔迈最大的危险在于模仿微软。霍金斯在陈述报告中说："坦率地说，我更担心的是，我们要遵照微软的游戏规则参与竞争。就像老鹰会对着大猩猩说：'咦，它们有手臂，我们也要有手臂，而且我们也要有拇指，用拇指做点什么！'这样一来你就会发现老鹰变得肥胖丑陋，再也飞不快了。"

与其模仿别人，不如做个行业领先者并保持领先。杜宾斯基回忆说："在当时的行业中，我们处于绝对的领先地位，我的感觉是，我们必须表现得像领袖一样来制定生产议程，推动产业发展。"在手持设备市场有发言权的企业应该是奔迈而不是微软。因此，霍金斯和杜宾斯基有意识地不去模仿 Windows CE 的某些功能，除非这些功能被证明是真正令人信服的。团队内部的许多人很难接受这一做法，霍金斯总是用同样的内容和团队交流。他说："销售副总裁会进来，问我们怎么去回应 Windows CE 的新功能。我会说：'相信我，我们会做一些完全不同的事情。'但是这个回答让每个人都感到不舒服。"

尽管如此，霍金斯和杜宾斯基还是坚持自己的选择，例如，拒绝仿制 Windows CE 的语音记录器。一开始，杜宾斯基就说这个功能不好。她笑着说："你的声音听起来好像你在对着气球说话。”而且，奔迈的研究表明，大多数消费者都对这个功能不感兴趣。但也许更重要的是，奔迈的克制体现了该公司基本的竞争原则。迈克·加卢奇回忆说:“我们从来不去防守，我们的态度是:我们处于领先地位，我们知道自己在做什么。我们不觉得必须要做出回应。”

奔迈的平衡原则：避免针锋相对

面临的挑战： 虽然你尽最大努力避开威胁，但对手还是展开正面攻击。

解决方案： 不要反击对手所有的攻击，避免被推到防守的位置。

- 继续争取竞争空间，保持攻势。
- 以领先者的姿态制定竞争规则。
- 仔细评估竞争对手的举措，回应最具威胁性的动作。

小结：从奔迈到 Handspring 公司

1998 年底，奔迈战略的回报是明显的。奔迈的产品在手持设备市场占 79% 的份额，Windows CE 阵营远远落后，只占 15%。甚至有传言说，微软正准备认输，而且还要收购奔迈。但杜宾斯基和霍金斯却不能再分享奔迈的胜利了，因为未能说服 3Com 让奔迈公司独立出去，两人选择离开该公司，并于 1998 年 7 月开始新的创业。

霍金斯和杜宾斯基离开后的奔迈公司

在杜宾斯基和霍金斯离开之后，奔迈公司过了一段时间才恢复了实力。公司花了 18 个月才找到索尼电子的前总裁卡尔·扬科夫斯基出任 CEO。同时，奔迈的创新步伐慢了下来。1999 年公司推出了两款带有无线设备和现代风格的产品：奔迈 V 和奔迈 Ⅶ，都是采用霍金斯的设计理念。在他离开时，奔迈为其产品线添加了彩色屏幕，但再也没有推出突破性的产品。

离开奔迈后的霍金斯和杜宾斯基

霍金斯和杜宾斯基离开奔迈公司后，于 1998 年 11 月成立了 Handspring 公司，并且积极推进奔迈操作平台。就像奔迈一样，Handspring 也树立了一个简单的目标，用杜宾斯基的话说就是成为“手持设备的领袖和杰出的品牌”。

原则上，这家公司可以推出一款全新的产品，完全利用自己的操作系统从零开始和奔迈进行针锋相对的竞争。尽管增长速度很快，但手持设备市场仍不成熟，未来 10 年预计有数亿产品会被卖掉，如此规模的市场为各种产品和企业都提供了发展空间。如果从头开始，就有些费时费力，代价太大了，而且杜宾斯基和霍金斯还想利用他们在奔迈造成的网络效应。因此，他们决定顺水推舟。Handspring 获得奔迈操作系统的授权，利用其发展势头继续推广它，同时还促成了自己的竞争优势。

1999 年 9 月，Handspring 推出了第一款产品 Visor，有彩色半透明的外壳，与奔迈兼容，并且与奔迈Ⅲ非常相似。但它有一个重要的创新：扩展槽，这让 Visor 成为适应性极强的设备。奔迈Ⅲ掌上电脑基本上是一个手持处理器，配有日历、通讯录及记笔记的地方。相比之下，Visor 可以满足任何一个研发人员的想象。通过扩展槽，可以插入各种模块，就像在游戏机背后插入盒带一样，这样一来，用户就可以把 Visor 变身为数码相机、MP3 或者手机。Handspring 的产品创新加上富有竞争力的价格促使 Visor 销量大增。最初的 Visor 只在 Handspring 的网站出售，2000 年春天一进入零售市场，Visor 就成为最畅销的个人手持设备。进入零售市场的第一周，Visor 的豪华版就占据了 27% 的市场份额，奔迈Ⅲe 紧随其后占据了 15%。凭借早期的影响，在市场疲软的情况下，Handspring 于 2000 年 6 月上市时第一天的市值就达到了 34 亿美元。

此时，3Com 也改弦易辙，于 2000 年 3 月将奔迈独立出来。

（3Com公司先声夺人，在Visor首次发布的前一天宣布了这一决定。）新公司不但摆脱了对硬件销售的依赖，而且积极向诺基亚、索尼这样的公司授权自己的操作系统。但至少在短期内，生产和销售设备成为奔迈和Handspring的核心业务，这两家公司成为彼此最大的竞争对手。虽然竞争激烈，但Handspring和奔迈的产品销售都很火爆。

产品的成功让两家公司都加强了和同一对手微软的竞争。2000年4月，微软推出了Windows CE的第三版。微软后来进军手持设备市场时，将其产品更名为Pocket PC，简化了接口，升级了电子邮箱和网页浏览功能。此外，微软的硬件合作伙伴，像惠普、卡西欧这样的重量级企业，都在为推出和奔迈V一样优质的设计而做着努力。

微软仍然决心赢得这场手持设备争夺战的胜利，这场竞争将是激烈而漫长的。鲍尔默解释说："我们不能不下决心解决核心平台上一个潜在的问题。"尽管微软不容小觑，但是从1996年到2001年，霍金斯和杜宾斯基连续成立的两家企业都处于遥遥领先的地位。通过利用运动和平衡策略，两人成功地将奔迈推到第一的位置；成立Handspring公司后，两人又成功地从奔迈手中争取到有价值的市场份额。

第 6 章

罗布·格拉泽

美国瑞尔数码公司的平衡原则

靠近你的朋友，更要靠近你的敌人。

——瑞尔数码公司 CEO 罗布·格拉泽引自《教父》

互联网在起步阶段时并不像现在这样生机勃勃、活力四射。人们上网时点击一下鼠标，除了能打开一些文本页面和图片，看不到太多的内容。设计师们通常会利用花花绿绿的剪贴画和时髦的字体给网页增加点生气和活力。但是最终的结果是人们仍然需要阅读文本，而且那些花哨的网页给人们的阅读增加了难度。具有讽刺意味的是，当无线电波将音乐、电视节目或者人们的各种谈话传遍全世界时，互联网作为 20 世纪末的代表性技术行业却被文字主宰着。

1995 年，一切都改变了。突然间，人们在互联网上听到了声音，虽然音质一般，但这声音确实可以满足人们的某些需求，具有娱乐性，当然有时还很令人讨厌。实际情况远不止这样。几个月后互联网上出现了一些视频，当然视频的效果并不稳定。第一个在线视频有几平方英寸大小，图像的播放效果有点像翻书的动画，并不流畅。但这是第一次让人们感觉计算机、消费型电子技术产品和休闲娱乐真正开始结合起来了。

格拉泽及他的瑞尔数码公司和互联网行业的所有人一样都乐于把声音和图像带进互联网。瑞尔公司不是第一个进入该行业的，但在边传边播方面它是最具有影响力的企业，它的流媒体技术大大方便了用户和商家的工作和生活。格拉泽用 6 年时间建成了一家在鼎盛时市值超过 120 亿美元的公司。瑞尔数码的软件在推出 5 年的时间里发送了流媒体 85% 的内容，其流媒体门户网站成为最受欢迎的网站。

但是这些数字并不能真正说明格拉泽的成功，瑞尔数码公司并不是轻而易举地就占领了市场。1996 年底，微软开始了与瑞尔数码针锋相对的较量。格拉泽之前是微软的高管，他其实很早以前就已经意识到微软这个软件巨头将是个致命的威胁。格拉泽从一开始就将速度和创新当作制胜法宝。“要想领先就得一直保持领先。”他后来说。

格拉泽利用平衡原则站稳了脚跟并且保持住领先地位。当瑞尔数码面对微软的挑战时，格拉泽抓住他的对手，力求在稳固自己地位的同时让对手付出代价。格拉泽也学会了推拉制衡战术，利用技术竞争的势头增强自己的优势。最后，格拉泽推出一个多维业务模式，避免了硬碰硬的竞争。通过这一系列的战略措施，瑞尔数码公司不但没有被卷入打不赢的价格战中，而且利用自己的武器和地形对微软实施了打击。

瑞尔数码公司利用平衡原则，5 年中在行业内持续占据领先地位。在微软的竞争对手中，很少有企业可以做到这一点。

事业起步：1994—1995 年

“积极”和“努力”是罗布 · 格拉泽的座右铭。他穿着黑色西装，戴着半框眼镜，偶尔脸上露出一抹微笑，然后又迅速恢复到公事公办的样子。谈到瑞尔数码公司，格拉泽思维活跃，语言流畅，滔滔不绝。在表达自己的观点时，他的眼睛盯着面前的桌子，声音有些沙哑但很有气势，讲话结束时他会抬起眼神再重申一遍自己的观点。格拉泽声音不高，他号称年轻时已经喊够了。他总是不慌不忙、温文尔雅地表达自己的观点，从不使用夸张的动作，但是他在竞争中表现出来的必胜信念让人们认识到这是一个强硬的对手。

1983 年，格拉泽从耶鲁大学一毕业就加入了微软。由于两年前 IBM 公司推出的第一台个人计算机使用的是微软的磁盘操作系统（DOS），所以微软一时声名大噪。格拉泽进入微软时，微软大约有 250 名员工，每年的销售额为 5 000 万美元，公司正处于生机勃勃的初创阶段。而格拉泽正渴望着加入这样的团队。

在接下来的10年里，格拉泽和微软一起成长起来。公司的销售额从5 000万美元到38亿美元，格拉泽稳步进入高管行列。他先是在微软Word应用程序开发部门负责管理工作，后来又在微软的网络部干了2年，1989年进入多媒体计算机部门。4年之后，即格拉泽进入微软的第10个年头，他成为负责多媒体和消费系统的副总裁，同时还是西雅图水手队的合伙人。由于微软1986年就首次上市，因此格拉泽当时已是千万富翁。但他后来回忆道："工作中的成就感已经从90分降到70分。"[1]微软已经成为行业巨头，但格拉泽更喜欢具有挑战性的逆袭。此外，外界盛传他和比尔·盖茨的好友、毕业于普林斯顿大学的物理学家内森·麦沃尔德之间的权力之争促使他下决心离开微软。

1993年初，格拉泽离开微软，花了几个月时间在德国、希腊和埃及旅行，回国后他参与了一些非营利组织的工作，担任过5个非营利组织的董事会成员，其中包括电子前沿基金会及出版《琼斯妈妈》杂志的美国国家发展基金会。但这些相对轻松的工作让格拉泽感觉缺少激情，他渴望投入更有挑战性的工作。

伟大的互联网时代

那时，"拥有500个有线电视频道的世界"这一概念开始引起很大的关注。时代华纳在奥兰多的佛罗里达投资数千万美元开始视频点播试验。全美国最大的有线电视公司 TCI 宣布要购买 180 万个可以提供交互式编程的数字机顶盒。而一些地方上的贝尔运营公司也不甘落后，正在考虑推出试点节目。

格拉泽虽然对“500 个频道的世界”这一前景充满兴趣，却很怀疑有线电视运营商和电话公司的能力。在仔细观察了这个行业后，格拉泽很快得出了结论，当时这个行业有两个致命缺陷：首先，当时的交互式电视才刚刚起步，因此没有技术支持。其次，行业的经济前景不会好。由于开发交互式电视的成本非常高，企业从每一家用户获取的净现值要达到 1 000 美元才能让企业收回投资。

“同时，网络这一伟大的新生事物已经出现。”格拉泽说。而且格拉泽在电子前沿基金会工作时，已经接触到了一些互联网开拓者。他于 1993 年 7 月发现了马赛克网络浏览器。马赛克的出现正中格拉泽的下怀。一转向网络业务，他就说：“我现在非常清楚，过去的一切都结束了，新的一切马上开始。”互联网不存在交互式电视的问题，基于电话系统的技术支持虽然不完美但“足以让这个行业蓬勃发展起来”。浏览器给格拉泽计划成立的企业提供了很好的行业前景。

瑞尔数码公司于 1994 年 2 月成立时叫“进步网络”（Progressive Networks），初步目标就是在互联网上发送音频软件。[2] 当时有线网络才刚刚起步，大多数拨号连接的速度是 14.4kbps（千比特率），对于文本和图像来说都很慢，更不要说声音和动作了。所以，瑞尔数码公司是随着互联网的发展一步步发展起来的。

音频本身就是一个重要市场。格拉泽观察之后道："即使在电视非常流行的时候，美国人也平均每周花 15 小时听各种各样的广播，而不是每周花 20 ~ 22 个小时看电视。"更重要的是，音频将引导这个领域中其他产品的开发。格拉泽说："我们想，好吧，不要急于求成，与其一开始每件事都做得很糟糕，还不如先从音频开始，然后再随着带宽和计算机处理能力的发展来做视频。"

大文件，慢网速

1994 年，当瑞尔数码公司的开发人员开始涉足音频领域时，音频文件必须全部下载之后才可以播放。早先的网上服务，如 Prodigy、CompuServe 和美国在线都有可下载的声音剪辑库。但每一秒钟 CD 音质声音的数据量是 1378kb（千比特），意味着调制解调器的速率是 14.4kbps，下载时间和音频时间的比率近 100∶1。即使在低保真度的要求下，下载 5 分钟的音频也需要 25 分钟到 1 个小时的时间。

作为瑞尔数码公司的创新技术，流式音频（streaming audio）可以让网络用户在同一时间边下载边收听。最初的 Real Audio

系统由三部分组成：Real Audio 工作室，允许内容提供商创建流式音频文件；Real Audio 服务，提供流式服务；Real Audio 播放器（后改名为 RealPlayer），用于播放音频的客户端软件。使用 Real Audio 播放器，你点击一个文件，例如美国国家公共电台当天的新闻，就可以收听了。你的硬盘驱动器重播该文件时不需要保存任何内容，你只需要返回网络，然后再次点击。

用于压缩和解压缩数据的编解码算法是流媒体技术的核心。瑞尔数码公司开发了自己的信号编解码器来编排音频及后来的视频文件。此外，该公司的开发人员开发了一系列的技术来克服与互联网相关的问题，如时间延迟（传输中的延迟）和丢失数据包等。

蓬勃发展

用格拉泽的话说，直到 1994 年 7 月，Real Audio 的原型才刚起步，还处于“请沃森先生到这里来，我需要你的帮助”[①] 的阶段，但他们要证明自己的坚持是对的。9 个月后，格拉泽在拉斯维加斯的美国广播电视协会会议上推出了 Real Audio。Real Audio 1.0 以 8kbps 的速度传输声音，数据流可通过 14.4kbps 的调制解调器，因此声音的质量较差。对于 Real Audio 播放出来的声音质量，记

① 这是 1876 年世界上第一句通过电话成功传送的人声，此处的意思是传声筒。——编者注

者只能用“可辨认”来形容，至于语音，他觉得听起来像是“一台中等质量、接收效果一般的调频收音机的声音”。[3] 尽管质量较差，Real Audio 1.0 还是大受欢迎。4 个月的时间里，该公司已经推出了近 23 万份软件。

Real Audio 播放器广受欢迎的原因之一是可以从网站免费下载。公司的收入来自服务器和编码工具。格拉泽解释说：“我们的基本策略就是一开始不要把挣钱放在第一位。我很清楚，一旦开始推出产品，就会有人和我们竞争，但是我们不想让任何人的产品比我们的更有竞争力。”他说，“所以我们能把生意做起来的一个重要因素就是我们有免费的产品。我们觉得以后可以卖其他产品赚钱。首先要全力以赴地让产品占领市场，然后再一步步地争取更多利润。”

由于竞争激烈，瑞尔数码公司不能只依赖个人用户。公司寻求的合作对象不仅有微软、网景等公司，还有一些小型网络软件公司如 Spyglass 公司和 Spry 公司。微软公司于 1995 年 8 月同时推出了 Windows 95 系统和 IE 浏览器，与 IE 浏览器捆绑的唯一一个产品就是 Real Audio 播放器。微软还通过添加 Real Audio 站点为书签的方式为其增加流量。网景公司的系统也支持 Real Audio 播放器，但不是免费的。网景的用户要使用 Real Audio 播放器就得先花 55 美元购买网景公司航海家浏览器的附加应用程序包。[4]

除了进行大范围的推广活动，格拉泽还鼓励内容供应商提供更多的内容以吸引用户使用 Real Audio 播放器。因为如果没有什么吸引人的内容，播放器本身是没有什么意义的，高质量的播放内容才会吸引更多的人来尝试使用播放器，因此格拉泽鼓励内容提供商创建更多的音频文件，借此提升播放器的受欢迎程度。瑞尔数码公司的内部人士认为这是一个“良性循环”的过程，也是网络效应的典型例子。

美国全国公共广播电台和美国广播公司是格拉泽签订的第一批合作伙伴。1995 年 4 月，两家公司的新闻可以通过 Real Audio 播放器播出，之后，其他公司开始在网站采用 Real Audio 播放器。到了秋天，用户数量大增，很多大公司开始尝试和 Real Audio 进行广泛的合作。美国的娱乐与体育节目电视网于 1995 年 9 月使用 Real Audio 播放器直播了在纽约举行的西雅图水手队和纽约扬基队的棒球比赛。几天以后，美国广播公司在线用 Real Audio 播放器直播了辛普森案件的审判过程。

针锋相对：1995—1997 年

1995 年 10 月，瑞尔数码公司推出软件的第一个升级版 Real Audio 2.0。当时，用户已经下载了至少 45 万份 Real Audio 播放器，130 多个网站提供基于 Real Audio 的内容，但瑞尔公司也开始面临着竞争。加利福尼亚的一个初创企业兴科技（Xing

Technology）于1995年8月发布了音频和视频流媒体系统。另一家公司VDOnet在Real Audio 2.0首次亮相的当天推出了流媒体视频技术。1996年7月，Macromedia公司进入市场，推出改进版具有CD音质的多媒体播放软件Shockwave。

格拉泽针对实力较弱的竞争者采用以速度取胜的战略。“看来我们要面对一大拨的竞争对手了。”他解释说：

> 实力较弱的技术创新者，当然包括我们，在资本和销售渠道方面都没有什么结构性优势。它们会尝试通过创新超越我们，我们当然不希望这样的事情发生。所以我们要保持非常快速的创新步伐。在推出Real Audio 1.0版本后的5年时间里，我们共推出7个版本，一直保持着一个具有延续性的创新步伐，可能每6～12个月就有一个新版本推出。

此外，格拉泽抢先竞争对手一步争取了较大的用户群。瑞尔数码公司不只开拓网络技术，也深入用户，和用户建立直接的关系。网景首创自由下载的商业推销策略，而瑞尔数码公司则是和那些从自己的网站下载Real Audio播放器的用户建立了直接的联系。因为在下载之前，用户需要提供电子邮件地址。现在看来很普通的一个做法在当时引起了一些争议，因为用户很可能会敷衍这个要求，任何人都可以提供一个符合基本的电子邮件格式的假地址。但当时这种情况只占 10%，这就让公司能够接触到大部分用户。几年后，当公司开始推出软件自动更新的功能时，这一战略得到了真正的回报。瑞尔数码公司发布新版本软件的同时能够更新用户的播放器，这使 Real Audio 播放器成为一个难以撼动的竞争对手。

瑞尔数码公司的移动原则：快速跟进

面临的挑战：虽然是你第一个进入市场，但是竞争者已开始行动。

解决办法：充分利用先行者的优势，尽可能争取一个稳定的大用户群。

- 将当前目标首先锁定为市场份额而不是收入，特别是在那些网络效应起重要作用的行业中。
- 投资与用户联系紧密的技术，比如自动更新。
- 不断创新——不要受制于拥有最新技术的竞争对手。

巧妙出击

从一开始，格拉泽就认识到他所说的“本地的竞争对手”不可能是瑞尔公司发展的最大障碍。如果这样继续下去，他就不得不面临和老东家微软及比尔 · 盖茨的竞争。格拉泽发现市场前景的同时，也明白在这方面的潜在冲突，他需要保持谨慎。因此，公司采用小狗策略，低调行事。格拉泽回忆道："我们可能会和微软狭路相逢或者正面交锋，但也有可能避开微软。所以我们公司在让什么人了解我们的业务方面非常谨慎。"

瑞尔数码公司的第一位外部投资者，也是董事会成员之一的米切尔·卡普尔也有类似的想法："虽然微软一开始还没有完全掌握情况，但它最后肯定会知道发生了什么。"[5] 如果微软明白了互联网和流媒体的重要性，这个软件强国很快就会将流媒体技术引入 Windows 操作系统。卡普尔说："我们知道还有时间。"但问题是，多长时间？他认为"最长也就 18 个月到 2 年的时间"。

如果瑞尔数码公司要在微软进入市场之前发挥自身作为先行者的优势，速度又是一个关键的武器。但格拉泽不想仅仅依靠速度和微软竞争，他还有一个更雄心勃勃的打算，他要利用微软，将未来对手的实力变成他的优势。他希望微软和网景会爆发全面竞争。吉姆·布雷耶是米切尔·卡普尔在阿塞尔伙伴公司（Accel Partners）和瑞尔数码公司工作时的同事，他解释说："显然，我们和微软及网景都要较量一段时间。因此，我们觉得应该在它们中间寻求一个合作伙伴，进行长期合作。"布雷耶尤其相信与微软的合作至少在短期内是有益的。他说："流媒体在 1996 年，甚至在 1997 年还没有被提到一个战略层面的高度。我们认为微软将继续和网景公司、甲骨文公司在几十亿美元的核心业务领域竞争下去。流媒体市场不会在一夜之间演变成一个数十亿美元的市场。因此，我们认为我们有时间继续和微软在某些领域进行创造性的合作。”

这个战略的第一个例子就是瑞尔数码公司和微软的捆绑交易。格拉泽不仅没有按照小狗策略要求的那样避开比尔 · 盖茨，反而利用微软的实力将 Real Audio 播放器推向更大的市场。微软第一年就销售了至少 4 000 万份 IE 浏览器，而且每份都绑定了 Real Audio 播放器。

制定标准

同时，瑞尔数码公司开始与微软、网景合作制定流媒体标准技术。“我们觉得在 18 个月到 2 年的时间内设定标准将是至关重要的，”布雷耶回忆说，“没有大浏览器公司的支持，我们不会产生较大的影响。”或者这也是瑞尔数码公司保持竞争能力的一种方式。

1996 年 3 月，瑞尔数码公司承诺支持微软称为“ASF”（Active Streaming Format，主动流格式）的一个新流媒体文件格式。除了要让 Real Audio 以后的版本兼容 ASF，瑞尔数码公司还同意把这项新技术作为一个行业标准。虽然这个特别的协议最终并没有带来什么成果，但在短期内，格拉泽确保了微软没有站到自己的对立面。

同时，瑞尔数码公司与微软的竞争对手网景也有合作。1996年的秋天，两家公司领导的有40名成员的联盟宣布支持实时流协议（Real-Time Streaming Protocol，RTSP），这个规范将提升来自不同厂商的产品的兼容性。实时流协议的支持者简直就是一份新兴互联网经济的名人录，包括Adobe、苹果、IBM、Macromedia、网景、瑞尔数码公司和太阳微系统公司，但是没有微软。据微软的领导说，他们在协议发布前不久才第一次听说这个标准。

尽管瑞尔尽力寻求合作，但这并没有消除进一步的竞争威胁，微软和网景于1996年底推出了自己的流媒体产品。但是瑞尔选择了和竞争对手合作而不是抗衡的战略，加强了自身的竞争地位。格拉泽和网景、微软签订的销售协议奠定了自己的领先地位。他又通过提供合作开发的关键技术，确保在制定标准时没有被同行冷落。

瑞尔数码公司的平衡原则：抓住对手

面临的挑战：你建立了牢固的初始地位，但强大的竞争对手也出现了。

解决办法：建立合作关系，在加强自身地位的同时削弱对手的地位。

- 利用竞争对手作为销售渠道，将他们的客户转化为自己的客户，从而起到打击对手的作用。
- 制定共同技术标准来抓住对手——在他们决定攻击时，共同技术标准会限制他们的活动空间。

1996 年夏天，格拉泽觉得是时机针对升级版软件收取费用了（Real Audio 播放器的基础版是免费的）。从 1996 年 8 月开始，消费者可以交 29.99 美元使用 Real Audio 播放器的升级版，这个高级版本可以提供定制的广播，快速搜索互联网电台，还可以预先设定最喜欢的网站。瑞尔数码公司内部对于 Real Audio 播放器的升级版是否收费有些争议。许多人担心用户既然有免费软件使用，就不会再付钱购买其他软件。但在 2000 年年中，升级版软件创造了 7 500 万美元的收入，证明前面的担心都是不必要的。

推出 Real Audio 播放器升级版不久，瑞尔数码公司又推出声音播放效果更好的新一代产品 Real Audio 3.0。1997 年 2 月，公司推出 Real Video 视频播放器，播放了 3 个斯派克·李的 5 分钟微电影。在网速 100kbps 以上的条件下，视频流接近每秒 15 帧，公司称之为“接近电视节目质量”。然而客户的 28.8kbps 调制解调器每秒只能收到 5～10 帧，播放效果看上去就像尼尔·阿姆斯特朗（第一个踏上月球的人）在月球上面带笑容的图像一样，效果并不好。[6]瑞尔的管理层察觉到消费者的失望情绪，因此想把影响降到最低。在拨号上网的年代，流媒体视频显然生不逢时，至少发展时机还不成熟。但是瑞尔数码公司在其他公司开始领先的时候，不能坐失市场。此时，由微软部分控股的 VDO 网络至少已经将 450 万份流媒体视频播放器推向客户，而且微软的 NetShow 流媒体视频定于 6 月份推出。[7]

微软参与竞争

当时，微软暂时还没有成为一个重大的威胁。瑞尔媒体系统部的莱恩·乔丹回忆说："我们已经开始与微软有一些竞争，但他们没有从投资角度认真对待流媒体市场，他们的应用不是很广泛，而且没有太多的内容。"根据瑞尔的估计，网络上基于 Real Audio 的流媒体文件约占总量的 85%。

但是瑞尔与微软之间的关系出现罅隙。从 1996 年就担任瑞尔数码公司总顾问的凯利·麦克阿瑟指出，第一个要解决的问题就是捆绑协议。她解释说，在 Real Audio 3.0 发布之后，继续使用较旧版本的软件会让人感觉瑞尔的技术已经过时。

然后，1997 年 6 月的一天，瑞尔数码公司的经理接到一个匿名电话说："告诉罗布·格拉泽，微软即将收购 VXtreme 公司。"VXtreme 是一个刚刚成立的以视频流技术为主的公司，微软的收购意向表明公司将更加重视流媒体业务，而且暗示微软和瑞尔数码即将开始面对面竞争。

几个月来，微软一直把流媒体业务作为优先发展事项，其中的一个重要举措就是，1997 年 4 月公司进行了内部改组，把流媒体交给互联网服务器部门的总经理安东尼·贝和服务器与开发平台事业部副总裁鲍勃·穆加利尔共同负责。流媒体团队很快就对播放器行业做出评估，他们认为如果放任瑞尔数码公司发展下去的话，将有一定风险，因此建议采用“激进的新战略”以图在年底攫取 50% 的市场份额。[8] 还有个方案就是收购瑞尔数码公司，从而摆脱格拉泽及其团队带来的麻烦。然而，最后微软管理层否决了这一方案，他们收购了几个瑞尔数码公司的对手公司，准备打造一个新的优势技术。

贝和穆加利尔将第一年的市场占有额目标调整到更为现实的 20%，然后找到比尔·盖茨说明情况。贝回忆说：“我们告诉比尔：‘你有几个选择，要么任由罗布继续在流媒体行业占尽优势，要么就让罗布占据主导，我们和他建立以他们为主的合作关系，还有就是进行竞争。你必须选择。’”不出所料，盖茨选择了竞争，虽然他仍然表示“敞开大门，欢迎和瑞尔的合作”。

尽管格拉泽并不了解微软的内部讨论，但他对微软公司还是有所怀疑。一听说微软要收购 VXtreme，他就全力以赴地防止出现和微软分道扬镳的结果。瑞尔数码公司首先要做的就是打乱微软收购 VXtreme 的计划。正如米切尔·卡普尔解释的那样，董事会成员觉得：首先要找准机会不让他们利用新技术来对付我们。从管理的角度，凯利·麦克阿瑟详述了同样的思路：

> 我们不希望它们用自己的新兴技术和 VXtreme 技术结合，推出能够替代 Real Audio 和 Real Video 的产品。尤其是如果新产品的内存充足，有自己的编码格式，便于推出它们自己的播放器，这样它们就可能将我们的产品边缘化。

一听说有关 VXtreme 的信息，格拉泽就给微软集团平台和应用部副总裁保罗·马里兹打电话，并说服他坐下来谈一谈。格拉泽回忆说："第二天我们就碰头了，4 天之后，我们达成了一个协议。"这份仓促达成的协议使瑞尔数码公司和微软基于利害关系绑在一起。麦克阿瑟从专业角度觉得这份协议很糟糕。微软为瑞尔公司 6 月份推出的 Real Audio 和 Real Video 4.0 支付 3 000 万美元以获得授权许可。作为回报，瑞尔数码公司同意采用多项微软的技术并与微软合作发布 AFS 文件格式作为行业标准。两家公司都宣布将努力确保产品之间的兼容性，而且微软还补充说在实现兼容之前，还将继续推出 Real Audio 播放器的基础版本和服务器。最后，微软额外支付 3 000 万美元获得了 10% 无投票权的瑞尔公司股份。

这项复杂的协议经过了4天的激烈谈判终于达成。在那96个小时中，格拉泽和他的同事们紧紧地盯住微软，争取在未来的合作中获得最大利益，而微软则通过避实击虚来尽力解除瑞尔数码公司对自己的威胁，确保自身安全。两家公司都在争取成为流媒体软件中的主导力量，而把对方降至次要位置。

人们一开始并不清楚哪家公司能够成功地占上风。当这个协议被公之于众时，许多观察家认为微软胜利了，因为瑞尔好像成了微软AFS的背书者。《红鲱鱼》文章的标题就是《微软赢了》，文中写道："还在密切关注流媒体视频？回家吧，伙计们，演出结束了。"但事后看来，很明显，格拉泽在谈判中成功说服了自己以前的老板，双方最后达成的协议显然有利于瑞尔数码公司，即使将来的合作破裂了。事实上，微软公司的人认为格拉泽从来没有打算做这笔交易。安东尼·贝强烈反对这一协议，他说："我们认为，瑞尔数码公司就是想和我们拧着干。"但比尔·盖茨决定试一试，同时对冲一下自己继续收购VXtreme所下的赌注。

格拉泽争辩说，这些怀疑是毫无根据的。他坚持说："如果他们这么看这个协议，那说明他们之所以做这笔交易，是因为他们要确定我们的成功不会威胁到他们。"格拉泽解释说，这个协议是为瑞尔数码公司成为微软流媒体业务的长期技术供应商而铺路，此外，随着瑞尔数码公司的成长，微软也将有机会获得利润增长。"我真诚地相信我们会赢，而且他们拥有胜者20%的股份也是合理的，总比什么也没有好。”格拉泽解释道。[9]

这种乐观可能会让人感到惊讶，格拉泽非常了解微软的运作模式及微软坚持控制核心技术的传统，但是他也做好了另外的准备。他明确表示：“我们也制定了相应的战略，即使（关系）变成了相互敌对，我们也有能力赢得这场竞争的胜利。”1997年6月的这份协议保证瑞尔数码公司作为微软的销售伙伴拥有了更广阔的天地。

此外，这项交易给格拉泽提供了一个对自己有利的回旋机会。3年后再回首，他援引一个比喻来解释自己的想法：“就像科莱昂说的，和你的朋友保持亲近，和你的敌人更亲近。我们知道1997年的夏天微软很可能想要在这项业务上和我们竞争，我们想，好吧，如果他们的竞争方式与我们的技术无关，对我们来说不是更好吗？或者如果他们的竞争方式利用了我们的技术，对我们不也很好吗？”

在他看来，答案是显而易见的。如果瑞尔数码公司在自己的业务领域里和微软竞争，就会进一步稳固自己的地位，即使格拉泽已经让微软购买了瑞尔数码公司的源代码简介。“我们这样做是因为我们真的很珍惜这个机会。”格拉泽解释说。“但是，”他补充道，“我们认为如果他们要和我们竞争，那些源代码简介也不会有太大的价值，因为他们不会得到写这些源代码的人。”此外，格拉泽指出，如果关系出现裂痕，“我们以后还可以不让他们得到技术授权”。也就是说，一旦微软用上瑞尔数码公司的源代码，瑞尔数码公司就控制住了微软，从而在竞争中占了上风。

瑞尔数码公司的平衡原则：抓住对手

面临的挑战： 你得到信息，最大的竞争对手正在准备和你进行面对面的竞争。

解决办法： 和对手保持紧密的关系，最大限度地减缓对手的冲击，削弱他的打击力度。

- 跟竞争对手合作，如果可能的话，给对手一定的有利可图的空间。
- 让对手对你产生依赖性，减少他的活动空间。
- 保持多种选择，保证行动自由。

很快，匆忙之间制定的协议暴露出明显的弊端，微软和瑞尔数码公司都对自己签订的协议产生不满。格拉泽打算在流媒体软件中坚守自己的地位，而微软高管则认为，根据已经达成的协议，瑞尔数码公司应该放弃其技术领先地位，并转向流媒体服务领域。7月初，在一次私人会议上，比尔·盖茨和罗布·格拉泽之间的分歧浮出水面。格拉泽回忆道：“他说的第一件事就是，‘你不打算再做流媒体软件业务了？’”

更多的坏消息接踵而至，创建一个AFS标准的共同努力很快破裂，双方都在互相指责。此外，微软在发布 Real Audio 和 Real Video 服务器版本的时候没有向潜在客户指出免费软件只能支持 60 个同步数据流，这一举动引起格拉泽和他的团队的强烈反应。

根据微软安东尼·贝的说法，瑞尔数码公司没有理由对这个决定感到惊讶。他回忆道："我们付了 3 000 万美元，拥有同样的所有权，我们说的是，我们将在同一基础上发布他们和我们自己的（流媒体）软件。"或者，换句话说，要么免费，要么和 Windows NT 捆绑。尽管如此，格拉泽坚持认为微软的这个行为是个信号，出乎意料地直接攻击了瑞尔数码公司的赢利模式，因为瑞尔数码公司就是靠数据流赢利。他回忆说："那天，我基本上就认定我们之间必有一战。我们决定，让自己尽快离开，走得远远的。"

微软交易的事后说明

如果让我们选择另外一条道路，例如，按照马克·安德森说过的，"把 Windows 变成一个平庸的设备驱动程序"，表明我们要和微软面对面地竞争，我认为不会有任何好处。从公关的角度来看，我们的公司如果把自己塑造成一个正面的进攻者会赚得一点儿名气，故事也会更吸引人，但我们这样做就会出现太大的竞争压力。

当时，我们每个季度的营业额大约为 700 万美元。我想我们应该把目光放得更长远一些。现在我们有 1.15 亿个注册用户；在 1999 年底，我们有 9500 万；在 1998 年底，我们有 4200 万；在 1997 年底，我们有 1700 万。我们现在的用户是当时（1977 年之前）的 10 倍。显然，延缓正面的竞争，扩大发展规模，直到我们可以和微软正面竞争才是我们正确的选择。

罗布 · 格拉泽

继续行动：1997—2000 年

瑞尔数码公司的研发人员立即加快 Real System 5.0 系统的研发工作，当年秋天就推出了这款产品。Real System 5.0 有几个方面的创新，不仅有流式动画，还提高了拨号连接的音频、视频质量，并且提高了全屏幕视频的播放速度。此外，正如格拉泽解释的那样："它有着比微软从我们这里买到的那个版本更优越的性能，让那个版本显得有点儿过时了。"Real System 5.0 能够支持之前所有版本的 Real Audio 和 Real Video，但旧的服务器和播放器不支持加速之后的新版本。微软可以再支付 2 500 万美元购买新代码，但是它放弃了。2000 年 2 月接替安东尼 · 贝成为微软流媒体业务负责人的威尔 · 普尔说："上次的 3 000 万美元很快就被浪费了，这让我们感到很不是滋味。”

在同一时间，格拉泽和他的董事会成员为了加强实力，决定让公司上市，以便应对即将与微软发生的冲突。很久以来他都反对这样做，毕竟他在微软工作过 11 年，还是有感情的。但格拉泽估计发生激烈竞争的可能性已从 6 月份的 60% 左右上升到秋天的 90% 甚至 95%，所以他认为“首要的考虑因素就是要扩大规模和提升知名度”。因此，在 9 月下旬，公司首次公开发行股票。两个月后，瑞尔数码公司在纳斯达克上市，股价第一天就上涨 43%。

寻找杠杆

在随后的几个月里，瑞尔数码公司使用了混合的柔道战略稳固住了领先地位。例如，利用对手的竞争对手这一战术是格拉泽的强项。早期，瑞尔数码公司因为微软和网景的竞争而坐收渔利，瑞尔数码公司的前项目经理就说过：“我们在各种大小场合都非常小心自己的措辞。面对微软，我们说自己是微软的老人儿；面对网景，我们说自己曾是微软的人。”[10]

本着这种方法，1997 年底，瑞尔数码公司开始和微软的竞争对手太阳微系统公司谈判。1998 年 1 月，两家公司发布了一项协议，即瑞尔的软件装到太阳微系统公司的 Solaris 操作系统上，而 Solaris 操作系统是 Windows 系统的重要竞争对手。这项协议突出了瑞尔利用杠杆借力的能力，即开发出不依赖于微软操作平台的软件。

“我们真的是在从事媒体传输业务”

但是，瑞尔数码公司的核心战略计划还是推动技术进步。1998 年 4 月，公司推出 Real System G2 系统，这一破釜沉舟般的成功从根本上改写了瑞尔的源代码。Real System G2 引入了两个新的格式，RealText 和 RealPix——文本和图像兼备的多媒体表现方式。此外，它还支持几个不是来自瑞尔的技术，例如微软开发的音频文件格式 WAV。但瑞尔通过创新使得 G2 可以提供这些所有的技术，来自多个厂商的软件可以播放相同类型的文件。但 Real Player 有消费者需要的更多更花哨的功能，如内置的通道和流媒体搜索。1999 年 5 月，Real 服务器提供给内容供应商独特的功能，例如流广告插入。消费者和内容供应商不得不使用瑞尔数码公司的产品而从中受益，例如智能流就是一种随着网络条件的改变自动调整传输质量的技术。

通过给整个流程增值，格拉泽希望其技术水准可以达到商业化的水平，这种技术——文件格式——正是微软的主攻目标。此外，这一战略的目的是减少瑞尔的漏洞，以确保公司能够提供一个复杂的集成系统，而不是像浏览器或播放器那样成为很容易被代替的组件。“因为我们的业务涉及如此多的可视化软件，人们认为我们只是从事消费者软件业务，而我们真的是在从事媒体传输业务。”格拉泽解释说，“我不会在某项单独的客户业务上和微软对抗，微软在某些业务范围内的财务资源和操作系统分布的影响很大，尽管不是决定性的。我们的战略就是要避开这些业务。”

尽管格拉泽小心备至，他还是可能会在某些竞争中失利。例如，1998 年夏天，格拉泽听说微软的媒体播放器 Windows Media Player 会自动更换或禁用最新的版本 Real Player G2，这样它就无法访问 Real Audio 和 Real Video 的最新版本文件。7 月，在回应参议员奥林·哈奇（Orrin Hatch）时，他在司法委员会上的证词中公开指控微软“损害”了瑞尔的产品。微软立即进行了还击，指出瑞尔的软件有缺陷，并且这才是格拉泽所提出问题的原因。随之而来的争论，再加上人们发现毕竟瑞尔和微软不是在一条战线上，导致接下来的几天瑞尔的股票下跌了 35%。此外，一些独立分析人士最终得出结论说，虽然导致问题的原因有很多，但瑞尔数码公司要负大部分责任。[11]

MP3 的兴起

当瑞尔与微软的关系跌入低谷，这家公司又面临新的挑战。

虽然格拉泽带领着公司无可争议地在流媒体领域占据领先地位，但 1998 年夏天，流媒体不得不为快速增长的新兴事物腾出空间——一个不起眼的压缩标准 MP3 促使下载播放卷土重来。MP3（或者是 MPEG-1 Audio Layer-3）是一种压缩技术，能够将一个文件压缩到原始大小的 1/10 甚至 1/12，同时保持接近光盘品质的声音。而 MP3 文件也可以进行流式传输，其主要优点是：人们能够使用它们下载音乐并存储到电脑或者便携式播放器上然后再离线播放。

MP3 开始出现于 1992 年，但是在随后的几年中，由于带宽和计算能力的限制，它无法进入主流应用行列。1996 年，只有极少的发烧友听说过 MP3，但在 1997 年，它成了一场席卷美国大学校园的地下运动。1998 年，尽管录音机厂商极力打压，但 MP3 势头强劲，成为一个合法行业。互联网上的许多 MP3 文件都是合法的，例如一些未签约的乐队上传的单曲唱片。大多数曲子都是翻录 CD，然后通过电子邮件等传到网上，或者是通过新兴的 P2P（对等网络交易），如纳普斯特（Napster）和努特拉（Gnutella）进行交换。

音乐界迫切想结束这一切。唱片公司开始招标，因此有些公司进入了安全下载技术市场，对 MP3 展开正面攻击。1997—1999 年，至少有 4 家主要的公司——美国电话电报公司、IBM、索尼和微软开发的保护版权的数字下载格式被吹捧为 MP3 的替代品，但微软仍然支持原来的MP3标准。

开展MP3业务

1998年年中，格拉泽认为瑞尔数码公司必须开展MP3业务。“那年夏天，MP3到了一个临界的状态，变成了一种现象。”政府事务副总裁亚历克斯·阿尔回顾说，“我们认为MP3终有一天会成为行业标准，如果我们要给消费者提供他们想要的产品，瑞尔数码公司的产品必须支持MP3的编码和解码。”同时，格拉泽也很关注音乐行业的动向。毕竟，一些唱片公司是瑞尔数码公司的重要客户和内容供应商。

瑞尔数码公司最终采取了一个双轨策略，在利用MP3发展势头的同时，保证公司未来有改变的余地。瑞尔支持唱片业研发下载标准，保护版权持有人的权利。此外，公司与多家公司，包括IBM，合作发展数字版权管理系统。但瑞尔的重点是研发具有数字下载功能的产品RealJukebox 1.0（点唱机），并于1999年首次推出。RealJukebox录制（瑞尔避免“撷取”这个字眼）Real Audio G2（默认选项）和MP3两种格式的文件。就下载和播放功能而言，它支持更多的格式。此外，瑞尔的最新软件使消费者能够创建并在数据库中跟踪管理个人音乐库，还可以创建播放列表并且转移到便携式收听设备上。

RealJukebox进入市场的时间相对较晚，当时市场上已经有两款产品，一个是被美国在线收购的Winamp，另一个是由圣迭戈一家刚成立的企业研发的Musicmatch Jukebox，这款产品已经推出一年。颇有威望的技术专栏作家沃尔特·莫斯伯格认为，RealJukebox不如Musicmatch Jukebox，而且后者很快推出了4.1版本。[12]但是瑞尔毕竟有6 000万的Real Player安装用户的支持，因此得以快速推进。前10天就有1万份RealJukebox被下载。3个月后，根据媒体韵律公司（Media Metrix）的报道，RealJukebox已经占据了一多半的市场份额，到1999年6月就拥有了220万用户。

2000年春天，当RealJukebox 2出现时，RealJukebox已拥有3 400多万个独立的注册用户，并且除了MP3和它自己的格式外，还有来自其他7家公司的技术支持，包括微软的Windows媒体音频格式。格拉泽解释说："我们正在把RealJukebox变成通用产品。"他的目标是使RealJukebox成为消费者的默认选项，用它能够播放任何类型的音乐文件。但是，能支持所有流行的格式只是RealJukebox在数字下载方面的部分功能。除了在流媒体市场已经设置的模型，瑞尔将它所接受的所有技术都整合成一系列的增值功能。即使是挑剔的莫斯伯格都称赞RealJukebox 2的界面、可视化图形和丰富的信息功能。

通过将MP3与一个独特的、有高附加值的产品兼容，瑞尔数码公司的技术既符合现行标准又将标准提高了。当瑞尔于 1999 年 8 月推出 RealJukebox 升级版并开始收费时，这一点变得更加明显。相反，微软在 2000 年 4 月将点唱机功能纳入 Windows Media Player 时，还是继续提供免费软件。

瑞尔数码公司的平衡原则：推拉制衡

面临的挑战：除了要面对实力强大的竞争对手的攻击外，你还要不断面对来自新技术和新企业的挑战。

解决办法：利用现有技术将对手的实力转化为自身的优势。

- 将新技术商业化，使与众不同的增值功能成为竞争的基础。
- 要包容而不是排斥，使自己的产品成为顾客默认的选项。

建设生态系统

在将 RealJukebox 推向用户时，瑞尔数码公司曾寻求合作者以帮助推动消费需求。公司与华纳音乐和索尼建立了营销伙伴关系，并同意合并索尼和环球音乐支持的安全下载格式，以获得它们的歌曲目录。在硬件方面，有超过 20 家的设备制造商宣布支持 RealJukebox 2。

在建立广泛的合作伙伴关系的同时，瑞尔数码公司也正在实践着公司成立以来的指导性战略原则之一。格拉泽早就认为，建立一个对各方都有益的繁荣的生态网络对瑞尔的长期发展非常重要，一个强大的生态系统除了能够保证瑞尔的人气之外，还将让竞争对手很难模仿瑞尔的成功。

因此，格拉泽试图和各类企业建立联系，像美国在线等内容提供商和在线服务商、独立软件开发商、硬件制造商和其他科技公司，如宽带供应商科瓦德通信公司（Covad Communications）、芯片制造商英特尔。有些评论家认为瑞尔从这些关系中占了大便宜，和这些企业进行的合作对瑞尔数码公司来说具有不容置疑的战略重要性。

瑞尔数码公司在其生态系统中给自己的最初定位仅是技术供应商。然而，随着时间的推移，公司的业务变得更加复杂起来。瑞尔在技术业务之外的第一个大动作就是在 1997 年 8 月推出了瑞尔广播网络（RBN）。有些公司想要开展互联网或局域网广播，但不知道从哪里开始，于是瑞尔与美国世通公司（MCI）建立合作关系，为这些公司提供全套服务。瑞尔数码公司的业务内容包括：开发和推广内容，提供硬件和软件，为全美国各地提供直播流或在线点播服务。美国广播公司、滚石的视频点播和杰里·刘易斯的节目都是早期的客户，美国有线电视新闻网络还在 1998 年 9 月用瑞尔广播网络播出了克林顿总统事件中莱温斯基的证词。

瑞尔数码公司增加的业务并不仅仅是服务。内容传输是当时越来越重要的一项业务。瑞尔数码公司的内容传输业务在 1995 年 4 月随着一些公司试用 RealJukebox 1.0 开始小幅提升。5 年后，Real.com 网站每个月的访客已近 1 300 万，访客人数在网络上名列第十一位。从 Real.com 的流媒体门户 Realguide 上，人们可以看到最新的电影预告片，听到直播音乐、网络广播电台、体育消息、游戏和新闻报道。此外，瑞尔和美国广播公司、齐夫－戴维斯公司等 100 多家内容提供商都是合作伙伴，RealGuide 让用户享受到了这些公司的服务。

瑞尔数码公司还直接通过播放器播放内容。1997 年的 Real Player 4.0 增加了可编程按钮。一年以后经过两个版本改进之后的 RealPlayer G2 具有搜索功能，不仅可以搜索 Real Audio 和 Real Video 的内容，还可以搜索《华尔街日报》及娱乐和体育节目电视网等 70 多个预置频道的内容。瑞尔数码公司于 1999 年 11 月雄心勃勃地同时推出编程服务 Take5 和 RealPlayer 7，Take5 能够结合文本、音频、视频以及界面链接，向 RealPlayer 7 的用户提供每日精选内容。

这些服务的主要目的是建立和维护瑞尔数码公司的用户基础，就像瑞尔数码公司的首席运营官汤姆 · 弗兰克说的建立“传福音的平台”。同时，他们也通过 Real Player、RealJukebox 和 Real.com 创造了更多的赚钱机会。除了广告和赞助，1999 年初瑞尔就开始对 Real Player 进行收费。对于重要的合作伙伴，瑞尔还是免费的，媒体和分销副总裁莫里森·谢利解释说："条件是我们真的需要他们的内容或者他们能够让更多的人下载我们的播放器。"但越来越多的公司开始付钱购买瑞尔数码公司的数据流。

瑞尔数码公司不断发展的商业模式还是有风险的。随着公司的业务范围扩展到服务和内容，瑞尔数码公司和雅虎这样的客户之间潜在的冲突加大了，毕竟雅虎占据着当时流媒体业务的领先地位。但瑞尔也因为这一策略获得了重要的短期优势：发展独特的品牌资产，保持技术领先。通过这种方式，公司就不必在市场上针锋相对地回击微软的进攻了。

为了争取更多的流媒体客户，瑞尔的销售部门每天都在和微软展开销售战。在这些销售大战中，微软的武器是价格，它的数据流媒体服务器捆绑了 Windows 2000，而瑞尔起步价为 1 995 美元的软件能同时支持 60 股信息流。（RealServer Basic 则是免费的版本，只允许 25 人同时连接。）此外，微软还提供经济奖励，比如向其客户提供免费主机。

瑞尔数码公司顶住了针对重要产品降价的压力。凯利·麦克阿瑟肯定地说："我们从来没有展开价格战，我们继续专注于销售，出售的服务器技术从几千美元到百万美元不等。据我们所知，他们的产品大部分都是免费的。"但承认高价格并不是说瑞尔数码公司在竞争中会被淘汰。相反，公司通过赠送一系列服务如跨平台软件、主机、推广、分发等来和微软竞争，对于这些服务，微软一时还不能与之抗衡。

瑞尔数码公司的平衡战略：避免针锋相对

面临的挑战： 最大的竞争对手免费提供你销售的所有产品。

解决办法： 不要效仿对手的做法，改变竞争的规则来发挥自己的强项。

- 有选择地效仿对手最吸引人、最容易被化解的行动来遏制对手的进攻，例如在低端市场推出产品。
- 创造并利用对手缺乏的资产，比如独特的内容发送工具。

小 结

在 5 年的时间里，罗布·格拉泽完成了只有极少数的 CEO 才能实现的业绩：他把微软拖入了一场激烈的战斗——一场让比尔·盖茨非常重视的战斗，并最终以胜利者的姿态出现。但是双方的竞争并没有分出胜负，微软仍然是一个有力的竞争对手。

更重要的是，瑞尔面临的危险是互联网经济最终将超越其核心业务。随着流媒体市场日趋成熟，不少客户都会拒绝支付“流”许可费，特别是如果微软能够成功地缩小技术差距，瑞尔最大的收入来源就可能停止增长，甚至下降。瑞尔可以利用内容聚合、广告、托管和咨询来弥补以上问题。随着瑞尔开始减少软件销售方面的业务，它和雅虎、美国在线之间的业务就会产生冲突。即使瑞尔愿意提供免费软件，其中一些公司也有可能找他人寻求合作。

无论如何，低估瑞尔数码公司及其创始人是不应该的。即使是格拉泽最严厉的批评者之一，安东尼·贝也承认："罗布聪明过人，是一个强硬的竞争对手。坦率地说，现在能够和他抗衡的人太少了。"相反，格拉泽已经和财捷集团的斯科特·库克、奔迈公司的唐娜·杜宾斯基这些为数不多的精英人士一样，成功地挑战了软件业的巨人，与之对抗 5 年之后仍可以保持领先地位。

第 7 章

哈尔西 · 米纳和谢尔比 · 邦尼

CNET 网络公司与杠杆作用的最大化

> 任何已经形成规模的公司对于已有的经营模式都无法割舍……但我们没有什么负担。
>
> ——谢尔比 · 邦尼，CNET 网络公司 CEO

哈尔西 · 米纳和谢尔比 · 邦尼在 20 世纪 90 年代可以轻而易举地跻身华尔街精英行列。两人都出生于世家，米纳的祖上是弗吉尼亚大学的捐助者，邦尼则是殖民地时期波士顿温思罗普家族的后裔。[1] 20 世纪 90 年代，两个人都在金融界有着前途光明的职业。

但在 1994 年初，他们收拾起随身物品，跟随前人的脚步踏上西行的道路。在互联网经济发展起来之前，这个决定是非常大胆和冒险的。尽管如此，米纳和邦尼相信即使将银行家的条纹西装换成硅谷的卡其裤，他们也能致富。两个人的计划是给技术媒体一个平台，能够在电视和网上“出版”。在追求这一目标时，他们做的不仅仅是推出一个新的信息频道，还在很大程度上改写了科技出版规则。1992 年，米纳成立的 CNET 网络公司致力于不仅要让创业者和首席信息官了解技术信息，还要让普通人都有机会了解这个行业。[2] 此外，米纳和邦尼建立了一个新的成功的电子商务模式，挑战了广告商与消费者之间传统的平衡状态。

CNET 的成功来之不易。在它的每个上升阶段，该公司都要和拥有 20 亿美元资产的技术媒体企业展开竞争。但米纳和邦尼领导的 CNET 能够发现隐藏在其竞争对手实力后面的弱点，然后巧妙地利用竞争对手的资产、合作伙伴和对手，迫使那些价值数十亿美元的公司如齐夫 – 戴维斯出版集团和美国国际数据集团等接受市场份额被蚕食的现状。最后，CNET 迅速发展并成为湾区的行业巨人。2001 年，公司成为网上最大的技术媒体帝国，哈尔西 · 米纳和谢尔比 · 邦尼靠自己的实力成功跻身网络精英行列。

完美冒险：1992—1995 年

1992 年夏天的一个灵感促成了 CNET 的诞生。哈尔西在他 27 年的生命历程中曾经有过许多聪明的想法：9 岁的时候，他设计过三维版的跳棋；在弗吉尼亚大学读书的时候，他推出了一个基于计算机的找公寓服务；在美林任职的时候，他推出了局域网全球出版服务。[3] 米纳和后来的亚马逊创始人杰夫 · 贝佐斯甚至还合作了一个商业计划：为财经专业人士打造一个个性化的新闻传真服务。但这次不同，这次是非常冒险的大行动。这个最新计划就是，创建世界上最大的媒体公司，以服务于全球增长最快的行业——科技。

在米纳开始着手自己新的事业时，以前的同学给他介绍了谢尔比·邦尼，随之邦尼成为 CNET 团队的第二个成员。邦尼也毕业于弗吉尼亚大学，之前在传奇投资者朱利安·罗伯森成立的老虎基金任职。邦尼很认同米纳的观点，帮助他制订了一个商业计划，邦尼也成为 CNET 的首批投资者之一，从加勒比地区电汇了 2.5 万美元以应对现金紧缺状况。[4]（最终，邦尼投资超过 150 万美元，拥有的股份使他在 1999 年全美财富排行榜上位列前 40 位，领先米纳 7 位。）

邦尼为人冷静、低调，与米纳性格互补。“我不像哈尔西那样咄咄逼人、直言不讳，”邦尼承认，“所以我善于防守。”米纳为人傲慢、热情洋溢，邦尼礼貌、内敛。米纳一个主意接着一个主意，总是滔滔不绝，而邦尼则深思熟虑，言辞谨慎。当米纳在全美国横冲直撞，和对手全力交锋时，邦尼总是跟在后边打扫战场，让米纳没有后顾之忧。米纳和邦尼的一个崇拜者说：“投资的话，就要选择哈尔西经营的公司；女儿则要嫁给谢尔比。”[5]

从无线广播到网络

两个人最初把 CNET 视为“电视的替代者”。[6] 该公司最初的业务计划宣称“CNET 的使命是重新定义互动媒体时代的电视”。在网络赞助商的赞助下，CNET 一开始一周推出两个小时的节目。他们认为计算机网络会发展成一个独立的频道，一天 24 小时提供科技新闻、评论。[7] 此外，CNET 将建立一个社区，为观众提供在线互动节目。邦尼回忆说：“我们的话题内容丰富，就是想为电视打造一个与之互补的有深度的在线服务。”在线用户可以深入了解电视上播出的内容，而且有机会购买电视上播放的软件和其他产品。

虽然米纳和邦尼没有制作无线广播和在线节目的经验，但他们努力寻找投资者，寻找合作伙伴以实现技术上的追求。两个人的努力都没有什么结果，邦尼只好自己掏腰包维持公司的运转。1994 年秋天，他们的努力终于有了回报。微软的联合创始人之一保罗 · 艾伦投资 500 万美元，收购了公司 22% 的股份。

艾伦一加盟，很快就达成一个经销协议。一对姊妹网络——美国电视台的网站和美国科幻电视频道，同意播放 CNET 的首秀节目《C 网中央》(*C|Net Central*)，回报就是拥有 CNET 公司 5% 的股份。[8]《C 网中央》，被 CNET 的一个高管称为“技术爱好者版的《今夜娱乐》”，于 1995 年 4 月 1 日首次亮相。

3 个月后，CNET 公司推出了一个配套的网站，并且它很快就成了公司真正的业务核心。

充满竞争的行业

当时，CNET 为了走到行业前列，发展得很快。这个新兴的创业公司无论在电视行业还是在网络上都面临着严峻的竞争。在电视方面，CNET 遭遇了隶属全美国第八大有线电视电缆公司的琼斯计算机网络，它在 1994 年秋天推出了全天候节目。同时，一些大技术媒体公司已经在网上全力地跑马圈地，三家公司主导着技术发布这一新兴领域，1995 年就轻易地赚取近 22 亿美元的广告费。[9]（见表 7–1）齐夫 – 戴维斯出版占据了美国市场 29% 的份额，居第一位；紧随其后的是 CMP 出版公司及美国国际数据集团，各占 18%。

表 7–1　科技媒体市场（1995 年）

杂志	出版商	广告页	广告收入 / 百万美元
《个人电脑杂志》	齐夫 – 戴维斯出版公司	7 359	214
《华尔街日报》	道琼斯公司	1 473	129
《每周电脑报》	齐夫 – 戴维斯出版公司	7 049	118

（续表）

杂志	出版商	广告页	广告收入 / 百万美元
《电脑购物》	齐夫 – 戴维斯出版公司	8 159	103
《电脑世界》	美国国际数据集团	4 668	87
《微电脑世界》	美国国际数据集团	2 912	86
《计算机分销商动态》	CMP 出版公司	7 420	80
《信息世界》	美国国际数据集团	4 550	80
《商业周刊》	梅格劳山	1 612	75
《电子与电脑》	齐夫 – 戴维斯出版公司	3 056	70

资料来源：Adscope,Inc.,cited in "Biggest Books are Bullish after Billion–Dollar Banner Year," *Media Industry Newsletter*, 29 January 1996.

齐夫 – 戴维斯出版公司成立于 1927 年，是杂志出版界的先驱，发行过一些品牌杂志，包括《汽车与驾驶》《流行摄影》和《现代新娘》。在 20 世纪 80 年代中期，这个家族经营的公司出售了其大部分业务的所有权，开始专注于计算机杂志，1981 年发行的《个人电脑杂志》（*PC Magazine*）是该公司的核心产品。《个人电脑杂志》不仅是互联网领域中一流的刊物，而且比其他杂志的广告页面都要多。1995 年，该杂志的收入在同行业中排名第六。[10]

在行业内，齐夫 – 戴维斯公司采用的是著名的硬盘驱动管理方式。"比尔 · 齐夫（Bill Ziff）是一个天才，"米纳说，"他雇用很棒的专家，花费昂贵，这一切都是以一种积极的方式进行的，这事关质量问题。他们是这个行业出类拔萃的人物。”齐夫在 1993 年底退休，此后公司两次易手，先是出售给福斯特曼（Forstmann），1995 年底又转手给在互联网行业崭露头角的软件销售商日本软银（Softbank）。

但所有权的变化只是促进了齐夫 – 戴维斯集团的成长。在董事长兼 CEO 埃里克 · 希波（Eric Hippeau）的带领下，齐夫 – 戴维斯帝国迅速扩张，发行了近 100 种杂志，设有一个市场研究单位、一所在线大学和一项贸易展览业务（计算机分销商展览），1997 年的销售额达到 10 亿美元。[11] 此外，齐夫 – 戴维斯旗下的很多杂志建立了自己的网站，后来都被合并到至顶网。

1996 年，齐夫 – 戴维斯的主要竞争对手美国国际数据集团在全球范围内以 14 亿美元的收入超过了它，但在美国国内还是落后于齐夫 – 戴维斯的。[12] 自从帕特 · 麦戈文（Pat McGovern）在 1964 年建立美国国际数据集团以来，它的杂志数量已经达到 275 种左右。像齐夫 – 戴维斯一样，美国国际数据集团还拥有一个市场研究部门、一个贸易展及非常成功的“傻瓜”（For Dummies）系列丛书。但是美国国际数据集团的组织结构与发展战略和齐夫 – 戴维斯相距甚远，其多数业务及重大决策仍然由麦戈文掌控。美国国际数据集团是高度分散的，基本操作模式就是一个独立联合会的企业。这种模式也反映在公司的互联网战略上，主要依靠杂志本身和社群。美国国际数据集团的 CEO 凯利 · 康林（Kelly Conlin）解释说："对我们来说，与网页或门户网站相比，计算机出版物更重要。"

CMP 媒体公司是第三大科技出版企业，在三家企业中率先推出了在线服务，1994 年后期将所有杂志归入技术网站。该公司的十几种杂志在此后第二年的收入接近 3.9 亿美元，在美国市场小幅领先于美国国际数据集团。但该公司的经营在 20 世纪 90 年代中期有些下滑，在互联网业务上损失数百万，1997 年上市后的表现也低于预期。结果，CMP 公司从未在运营方面超过 CNET 公司。

无论这三大企业有什么样的缺点，米纳和邦尼都没有低估竞争的激烈性。"它们有海量的内容和信息，"邦尼回忆说，"它们与广告商有关系，与供应商有关系，它们资本充足，这一切我们都没有。"但是伴随着这些不利因素的还有一个有利因素，那就是很少有企业可以跨媒体转换品牌。因此，CNET 愿意就这项业务赌一把。

推出 CNET 在线

CNET.com 成立于 1995 年 6 月，能够提供各种资源，包括科技新闻、产品评论、用户论坛和共享软件的"图书馆"，可以引导用户下载来自世界各地的软件。随着计算机和互联网的蓬勃发展，这项服务迅速受到用户欢迎，前 10 周网上注册用户人数超过 10 万。很快，CNET 每星期提供 140 万页视图，是至顶网的两倍。到了秋天，CNET 网站的雇员人数为 65 人，而《C 网中心》的雇员仍然是 40 人。[13]

CNET 的电视节目对公司的线上业务发展起到重要作用，但 CNET 在吸引流量方面也很依赖网络。1995 年 10 月，公司宣布了最雄心勃勃的在线广告活动日期，从 1995 年 12 月到 1996 年 6 月支出在线广告费用 100 万美元。“我们比美国电话电报公司、微软、IBM 等广告费用排在前五名的费用总和都多。”米纳回忆说，“我们在 Lycos（最早提供信息搜索服务的网站之一）的广告太多了，他们的用户调查显示，其最不受欢迎的原因就是有太多 CNET 的广告。”

对于 CNET 这样的规模，这么大的广告开支意味着重大的风险。但米纳的计划是，早期的投资可以让 CNET 获得更大的投资回报率。“100 万美元大有作用。”他回忆说。此外，当时的网络广告效果更好，早期的网络用户还没有厌烦广告，而且更容易接受广告。一开始，CNET 的横幅广告就获得惊人的点击率，从 12% 升至 25%，而 2000 年的平均点击率不到 1%。

1995 年网络环境的变化不仅体现在高点击率方面，作为广告战的一部分，CNET 和雅虎签订了一项协议，18 个月内禁止

CNET 的竞争对手在雅虎网站上发布广告。但是当雅虎因为齐夫－戴维斯收购了其一小部分股份而要链接齐夫－戴维斯集团时，米纳终止了和雅虎 CEO 杨致远的交易。他评论说："当年的大环境就是这样。"如果是今天，他还会做同样的事情吗？"不会，我得承认这是合同，而且是一份法律合同。"米纳干巴巴地说。

CNET 的移动原则：全面快速发展

面临的挑战：在竞争对手占主导地位的行业里，你该怎样扩大知名度呢?

解决办法：积极转换到对手可能忽略的投资渠道。

- 开辟那些对于竞争对手来说太小或太冒险的销售渠道。
- 抢在其他企业之前，利用排他性协议锁定合作伙伴。

聚焦下载服务：1995—1996 年

CNET 具有充分利用新媒体的能力，以网络为主要营销渠道只是其中的一个例子。公司利用品牌获取客户的策略特别适合这个创新的领域。随着虚拟软件库的推出，1995 年秋天，CNET 广受欢迎的下载服务占该公司网络流量的一半以上。当时，CNET 决定重新设计服务模式并在新网页 shareware.com 上推出。用户的反应具有戏剧性，CNET 的第四号人物、后来的首席战略官马修·巴赞回忆道："旧网址的网页浏览量和以前一样是 15 万页，shareware.com 自身的网页浏览量也是 15 万，网页上的内容增多后流量翻番了。"

好事还在继续。巴赞发现直观明显的域名可能是一个重要的资产，于是他搜寻和购买"易于理解、易于拼写、用户可能喜欢的域名"，包括 News.com（新闻网）、Search.com（查询网）和 computers.com（计算机网）。"Download.com（下载网）真的是很酷的名字，"巴赞继续说，"这个域名花了 2 万美元。我们花了 7 000 美元买下了 Search.com。虽然我们并不是一个大公司，但我们一开始就有很多好的域名。这就像是有些活动，我们的规模还很小，所以我们会送你一件 T 恤，然后再让你付账。我们资本不多，但我们尽力而为。"

这一战略给 CNET 提供了大量知名度很高的域名，而且当时的费率也比较低。[14] 此外，使用通用域名扩大了 CNET 的知名度。当齐夫－戴维斯和美国国际数据集团不愿意放弃像《个人电脑杂志》这样花了数以百万计美元创造的品牌时，CNET 却在互联网经济中从零开始。通过抢注 Computers.com 这样的域名来标识自己的身份，CNET 抓住机会占据理想位置，吸引了网上冲浪的初学者。

齐夫－戴维斯集团最终醒悟过来之后，对 CNET 的回应就是模仿它的战略。"有一天，他们公司有人去看了我们所有的域名，"

米纳说，“一周后，我们发现他们有了 ChatNow、EventsNow、NewsNow 等域名，只是在我们的名字后面加上‘Now’。最后，这些努力并没有产生什么结果，因此齐夫 – 戴维斯决定坚持其知名品牌。然而，CNET 做出最后一击。“我们开始使用像 Community.com（社区网）和 CommunityNow.com（社区在线）这样的域名，这样一来，齐夫 – 戴维斯集团中那些带‘Now’字眼的域名听起来就像是我们公司的附属部门。”米纳大笑着说。

CNET 的杠杆借力原则：利用对手的财产

面临的挑战：竞争对手拥有业内最知名的品牌——你怎样和他竞争呢？

解决办法：借助新媒介创造新品牌，使竞争对手处于两难境地：要么放任你的行动，要么采取与你一样的做法从而削弱自身现存品牌的影响力。

无须使用小狗策略

CNET 的下载业务为公司带来更广泛的优势。“我们没有任何负担。”邦尼喜欢这样说。因此，CNET 可以利用下载服务这样的策略，而一个专注于印刷业务的公司则可能会忽略这一点。对比起来，邦尼认为，科技媒体行业的领先者会被自己的成功束缚住，“任何已经形成经营规模的公司对于已有的经营模式都无法割舍。”

作为 CNET 的 CEO，米纳提到公司的优势时总是非常高调。从一开始，他就以积极、咄咄逼人的态度来面对竞争，他在 1996 年中期告诉《福布斯》杂志：“《个人电脑杂志》在 20 世纪 90 年代占据重要位置，但我们要战胜它。到 2000 年，无论是《每周电脑报》（*PC Week*）还是《信息世界》（*InfoWorld*）都将消失。”[15]

回顾以往，米纳形容他的这个大胆定位是有意识的选择。他解释说，这些煽动性的言论会让 CNET 的竞争对手反过来为他工作。“我想把齐夫－戴维斯集团变成我最大的市场。我这些煽动性的话会成为他们的谈资。”他坚持说，“我发现了他们的商业模式中的每一个弱点，并且公开地利用这些弱点。”每当有评论家指责他的行为像当年的网景通信，米纳总是快速回应，他说：“不，当你有 100% 的市场份额时，你不必去引起竞争。当你的市场份额为零时，正是你引发竞争的好时机。”

米纳声称自己的虚张声势是策略而不是傲慢。“齐夫－戴维斯同样是一家很棒的媒体公司，”米纳说，“我从来没有小看它。我所有的评论都是为了引起它的戒备之心，让它采取防御策略。因为它实力太强，善于进攻，所以你必须让他们处于防守状态。”齐夫－戴维斯集团这样的大公司往往会忽略其讨厌但微不足道的竞争对手，但米纳决心要迫使他的主要竞争对手有所反应。“就像在足球比赛中，有的球员嘲笑他人，让他人犯规被罚下场一样，”他解释说，“这就是我们对他们做的。”

事实证明，他的策略已经奏效。米纳指着齐夫 – 戴维斯集团在很多媒体上做的一个广告，声称齐夫 – 戴维斯的网站至顶网已超过时代华纳、迪士尼和 CNET 在线。米纳承认这种说法是不准确的，只是一种说辞而已，其重点在于让齐夫 – 戴维斯集团认定 CNET 是一个主要的对手。米纳很得意：“时代华纳、迪士尼、CNET 在线，这是我做得最好的一次广告！”

小狗策略说明

相对于通过小狗策略来寻求安全的做法，也有一个例外。如果你能找到有效的杠杆，并且不会有什么损失，采取进攻的策略会更有优势。激进的策略可以让你赢得关注和信誉，尤其是当你的杠杆使对手难以应对的时候。但请记住，就像 CNET 的情况一样，嘲笑你的对手最终会激起他们的行动，因此，利用杠杆只能让你保持一两年领先地位，同时你要积蓄实力准备正面进攻。

1997 年担任至顶网总裁的丹 · 罗森斯维格（Dan Rosensweig）指出 CNET 的策略有一个失误。“它如此关注我们，让我们感到非常幸运。”他说，“它提醒了我们，我们是一个非常有竞争力的团队，而且这是我们的地盘。我们不打算放弃，我们也没有放弃，虽然最初的两三年它超越了我们。”罗森斯维格认为，如果没有米纳的冷嘲热讽，齐夫－戴维斯集团可能还不会重视互联网。而且，CNET 给齐夫－戴维斯网络上了重要的一课，即如何在网络世界竞争。罗森斯维格解释说：“我不把重点放在它的身上，否则我会像其他传统的企业一样被困住。相反，它把做的每一件事都亮了出来，这就容易多了。”邦尼同意这样的说法：“我们引起了齐夫－戴维斯集团的注意，只要我们稍做停息，它就会重新调整资源开始进攻。”

但在 1996 年初，齐夫－戴维斯集团还没有迹象要重返战场。当时，市场是属于 CNET 的，用户和广告客户的增长速度很快。到 1996 年 4 月，该公司的网站平均每天的浏览量超过 130 万，而《C 网中心》的电视观众估计每周有 110 万。在其运营的第一年，电视广告占 CNET 的 350 万美元收入的 90%。但到 1996 年初，在线业务迅速发展，第一季度，CNET 和其子公司网站的广告收入超过 100 万美元，成为广告收入第五大网站。[16] 3 个月后的 1996 年 7 月，米纳和邦尼的公司上市，筹集资本近 4 000 万美元。[17]

转向新闻行业：1996—1997 年

米纳很快就将首次公开发行募集的大部分资本投到新闻网等

项目上。CNET 自成立以来就播出新闻，但一开始的内容很有限。由于缺少齐夫 – 戴维斯集团、美国国际数据集团的资源，CNET 挖空心思集合各种新闻资源，另外也做一些评论节目，主要集中在只读光盘和个人电脑方面。

1996 年年中，杰 · 辛格（Jai Singh）离开美国国际数据集团的《信息世界》，加盟 CNET，正如他所说："跟上贸易伙伴的脚步，然后吃掉他们的午餐。"新闻网在 1996 年 9 月采取了一个简单的策略：提供最新的在线科技新闻。至顶网一天可以发布四五个故事，CNET 打算在同一时间内发布 30 ~ 40 个。这在很大程度上反映了两家公司各自网站的资源差异。虽然齐夫 – 戴维斯的资源要超过 CNET，但这个大公司只有五六个人负责在线新闻写作，而据辛格估计，新闻网大概有 20 ~ 25 人写在线新闻。

1996 年 12 月，CNET 获得一大笔额外的投资。当时《华尔街日报》的评论员沃尔特 · 莫斯伯格把新闻网称为"关注科技新闻的人必须阅读的网页"。[18] 莫斯伯格特别赞扬了 CNET 的能力，圣诞节前的星期五晚上 7 点 15 分，苹果收购 NeXT 的交易宣布 3 小时之内，CNET 就发布了一系列新闻。有影响力的科技专栏作家说，与 CNET 的报道相比，《个人电脑周刊》和《信息世界》的在线新闻则"非常模糊，速度慢"。

网络时代的出版

CNET 可以利用的重要杠杆就是实时报道。像《信息世界》这样的周刊可能星期四印刷，星期一发行。这意味着，如果有大新闻发生，《信息世界》需要 4 ~ 10 天才能将事件披露出来。这给新闻网一类的挑战者一个很重要的机会。“我们不需要比竞争对手强，”邦尼说，“我们实际上可以是很糟糕的挑战者，但我们比他们至少多出 4 天时间，这让我们有机会赶上来。”

新闻网可以及时报道新闻事件的发生，然后随着记者搜集到更多的信息，随时更新报道。虽然第一次报道可能缺乏深度，但 CNET 的记者将持续关注，直到报出最完整、最新的内容。这一战略让 CNET 充分利用互联网的优势，消除发行过程中的阻碍，为读者提供新闻点播。对比之后，辛格用两个词来形容对手的在线策略：内容陈旧。“印刷出版仍然是他们的核心业务。”他解释说。

在某种程度上，CNET 的优势要归功于不同的企业文化和训练。“我们试图创造一种与众不同的融合，即将电视的速度和报纸的深度结合起来。”辛格说。“训练记者和编辑的思维是非常困难的。”新闻网一推出，辛格要求记者一天写三篇报道，周刊杂志则一周只要求写一两篇。此外，新闻网的团队必须学会全天候地准备写作，而不是在每日的最后期限来写作。这些要求在其他媒体可能很难让人接受。美国国际数据集团和齐夫 – 戴维斯集团要求更高，许多工作人员要同时为纸媒和在线网站写稿子。辛格说："它们要求它们的员工同时应对两个主人，这不可能。"

除了员工问题，齐夫－戴维斯集团和美国国际数据集团还要面对的问题是：CNET 的在线内容的发送不受时间限制。两家公司都发现如果他们再不开始网上发行，那么他们将失去自己的读者。为什么呢？毕竟，如果读者能够在网上更快速地获得免费信息，那他还会为了同样的信息而购买《个人电脑世界》或《个人电脑杂志》吗？为什么出版商要缩减其每年有数千万美元利润的印刷出版物？为什么出版商要开拓利润少之又少的网上信息通道？辛格在描述传统科技出版物时说："这个行业就是地狱。当我在《信息世界》时，我们的利润约为 1 500 万美元，总收入为 7 500 万美元或 7 800 万美元，而《每周电脑报》和《个人电脑杂志》超过 2 亿美元，你怎么能说'好吧，咱们把刊物内容免费放到网上吧！'"

事实证明，美国国际数据集团和齐夫－戴维斯集团不能也不会放弃原来的内容，直到 CNET 的发展势头对它们造成了压力。"我们从来没有听到关于网站能够吃掉印刷刊物的讨论，这早就不值一提了。"美国国际数据集团的康林在 2000 年春天说，"但是，根据市场的发展趋势，从纸媒到网络的过渡不过是几个月到一年多的时间。"

重新定义市场

CNET 在界定公司的市场和品牌时没有太多羁绊。与其竞争对手不同，CNET 是白板一块，从零开始，对用户没有成见，对用户需求也没有偏见。马修·巴曾解释道："我们只是说，'好吧，网络酷在哪里？怎样才能够让那些对计算机感兴趣的人的生活更美好？'"

这种态度让 CNET 表现出一切都是为了消费者的感觉。CNET 以一种友好的简单易行的方式将科技呈献给用户，让用户第一次使用就能产生兴趣。公司的编辑和制片人努力让那些刚刚学习打字的管理人员很容易就能了解专业技术，同时也要为寻找最新游戏的青少年提供各种内容。这个策略让一个不确定的话题能够吸引住大众，把 CNET 变成网络上最受欢迎的网站之一，1998 年初每月用户超过 800 万。

"我们希望拥有一个大规模的读者群，"辛格解释说，"因为据他们说，信息系统和信息技术约有 100 万一流的读者。"这种方法对于一个新创企业很有意义。但是老企业因为已经拥有很大的读者群，并不需要像 CNET 那样扩大读者群。齐夫－戴维斯集团和美国国际数据集团的成功都是建立在认真控制发行量和为广告商提供一个高质量的细分顾客群上，这个做法可以让出版商收取更高的广告费。因此，如果《信息世界》或《个人电脑杂志》采用扩大市场规模的做法，那么它们令人羡慕的利润就有下降的风险。凯利 · 康林解释说:“一份发行量 10 万册的杂志，如果读者品质高、千人成本（CPM，一种媒体送达 1 000 人的成本计算单位）高，包括会议、活动和在线网站在内的信息管辖权强大，那么它可能比一份发行量达到百万的杂志赚钱更多，因为后者没有能力维持它的价格基数。”

他说，这种“小打小闹”的方案可能适用于 CNET，但美国国际数据集团的广告商们想要的不是这个，他们希望美国国际数据集团能够带来具有技术购买力的高端客户，即首席信息官（CIO）和特别关注技术的 CEO。反过来，这些人和一般的技术买家也不一样。

此外，即便一个出版商很想扩大自己的品牌，但来自姊妹品牌的竞争让这一切变得难上加难。比如，齐夫 – 戴维斯集团的每本杂志都有自己的特点。理查德 · 马里诺（Richard Marino）曾先后在齐夫 – 戴维斯集团和美国国际数据集团担任过高层，后在 1999 年成为 CNET 的总裁，他解释说:“举一个假设的例子，如果我编《电子与电脑》(*PC Computing*）时想有所改变，那我就必须确保这些改变不会触犯或违反《个人电脑杂志》《雅虎网络生活》特许权的规定。这样在战略上我就画地为牢了。”

这种划分给了 CNET 另一个可以利用的杠杆。因为每一本杂志都集中在自己的业务范围，没有一个发行商或编辑意识到 CNET 会在整体上成为一个威胁。马里诺说:“我们都只是片面地看待 CNET，从来没有把它看作一个真正的整体，因为我们太专注于我们看到的自以为是竞争焦点的东西。”

重设障碍

在这些限制下，一些竞争对手试图大力回应 CNET 的行动，但再一次被利润问题束缚住了。美国国际数据集团的情况就是如此，它的每本杂志都是一个独立的业务单位。（相比之下，在齐夫－戴维斯集团，发行和后勤部门是高度集权的，出版商主要承担高级销售主管职责。）美国国际数据集团的每个出版商每年的利润和收入都是独立的，它们的任务就是实现这些目标。

在出版界，保持利润增长已经成为一个挑战，而开发在线业务也需要增加成本。通常人们都预计在线投资前几年的运营都要亏损，这不仅降低了总利润，也让印刷业因为销售量降低而很难完成业务量。结果，尽管所有的美国国际数据集团的杂志都建立了门户网站，但管理者并没有动力发展网站。相反，出版商根本不重视在线经营，他们在印刷品上发广告，而把一些乱七八糟的东西放到网站上。所以，这种观点就让为互联网业务注入更多资本变得越发困难了。

相比之下，CNET 比传统的线下竞争对手有更大的回旋余地。至顶网的丹 · 罗森维格说：“CNET 的经营模式很纯粹，它现金充足，几乎没有什么义务或责任，只需要很少的收入就可以维持运转和继续发展。”但罗森维格认为这些几乎都是至顶网的缺点，他说：“我们有负担，我们必须处理品牌问题，我们没有钱可以花，在我任职 6 个月后必须要实现赢利，我们必须和市场上最聪明的竞争对手竞争。”

CNET 公司的杠杆借力战略：利用对手的资产

面临的挑战：竞争对手的收入和利润远远超过你。

解决办法：设计战略让竞争对手保持赢利的期望转化为他们反击你的羁绊。

- 你所投资的业务模式会让对手消耗自身资产，或者为了反击你就得放弃原有的经营模式。
- 重新划定市场，使竞争对手在失去现有客户（利润来源）还是失去整个市场之间难以选择。
- 由此及彼，利用竞争对手在原有规模上产生的期望作为杠杆，迫使他在利润和增长之间做出选择。

与竞争对手链接

CNET 能从竞争中脱颖而出是因为它愿意将竞争对手的新闻介绍给自己的读者。对于那些从业多年的出版商来说，这是一个不可想象的行为。当米纳和邦尼提出这个战略时，辛格的态度是“绝不可能”。但是两个人一再坚持，辛格只好同意一试。回顾过去，他说，“那是我们做过的最好的决定，因为它使我们的竞争对手齐夫－戴维斯集团和美国国际数据集团困惑不已。《信息世界》的主编还给我们发来一封电子邮件说：‘好吧，谢谢你们链接我们的新闻。’其实他们根本不明白这是怎么回事儿。”

丹·罗森维格并不看重这个链接活动的意义，他说：“主要是他们自己不能推出有深度、有广度的内容。当我们有了充足的信息时，我们为什么还需要和别人链接？你还想要多少？”但辛格认为齐夫－戴维斯集团和美国国际数据集团在这一方面根本无法和CNET公司竞争，他说：“齐夫－戴维斯集团和美国国际数据集团根本不可能互相链接，相互合作。”这就给CNET建立一站式技术信息服务创造了条件。

CNET公司的杠杆借力原则：利用对手的竞争者

面临的挑战：你面对的数家企业之间彼此敌对多年，关系紧张。

解决办法：与一家或所有的竞争对手合作提升你的产品或服务，利用对手之间的竞争寻找机会。长期处于敌对状态的企业不可能效仿这个战略。

转向商业：1997—1998 年

对于新闻网取得的成就，CNET 的高管们引以为豪，他们终于相信，“伟大的社论本身不是一个目标”，正如米纳在 1997 年 12 月给下属的一封电子邮件中写的。[19] 两年后，他重复强调了真正的目标就是要“成为连接买家和卖家的桥梁”。

早期的时候，CNET 的基本定位就是一本在线杂志。读者在其网页中寻找产品信息，制造商和零售商通过发放广告吸引读者的关注。然而，米纳利用 CNET 开发出更多互联网业务，建立了一个计算机相关产品的在线市场。这项新的服务将内容和电子商务紧密结合起来，用户可以阅读产品评论，从各个供应商处获得相同产品的实时价格信息，然后一键链接到卖家。此外，CNET 还开创了新的收入模式，即基于广告点击率收取费用，不再收取固定费用。

米纳的设想由凯文 · 麦肯齐负责实现。麦肯齐于 1996 年初从互联网购物网跳槽到 CNET，和马修 · 巴曾负责开发 CNET 的第一个“目录之目录”，并于 1997 年 11 月在计算机网推出。他回忆道：“很简单，我们画了一张图，标明当用户买电脑的时候他们都要做些什么。”他解释说，消费者一开始都要寻找产品信息或评论，他们根据收集到的信息，从不同方面比较产品，一旦决定买哪一款产品，他们就要寻找到哪里去买。麦肯齐说：“与杂志或现实生活中相比，互联网购物的不同就在于它可以使整个过程非常流畅。”

除了负责为计算机网开发软件，麦肯齐还关注两个战术：首先，确保 CNET 的市场尽可能地拥有最大的信息量，可以让用户接触到不仅仅是排名前十的产品，而是超过 15 万个产品编号。其次，麦肯齐花大量的时间向捷威（Gateway）和戴尔等制造业的领导企业宣传计算机网，向它们展示 CNET 的新服务将如何有助于它们的发展。

计算机网在买家和卖家之间建立关联之后，CNET 继续扩展这种模式，1998 年 6 月推出一个更广泛的技术购物服务网 Shopper.com。到 1998 年 12 月新模式实施三个月时，公司每天提供 9 万条线索信息，据估计，在线的 70 多名供应商的日总收入达到了 87.5 万美元。两年后，这项业务步入正轨，2001 年为 CNET 创造了 1 亿美元的收入。[20]

内容与商业的权衡

齐夫 – 戴维斯集团和美国国际数据集团都经营类似的购物服务网站。齐夫 – 戴维斯集团推出《电脑购物》(*Commputer Shopper*）的在线版本——网络买主（NetBuyer）。而 1996 年的秋天，美国国际数据集团的在线购物网 Webshopper 首次亮相，推出时间和计算机网大致相同。但 CNET 的服务在竞争中有很多优势，其界面简洁、高效，更容易使用。他们编辑的内容和产品信息结合紧密，使买家更容易从一系列眼花缭乱的选项中做决定。CNET 的大数据库使它可以做出精确的价格比较，用户不需要自己面对这些无从比较的问题。因此，根据互联网数字媒体评估公司所做的调查，第一个月计算机网的访客就是网络买主或者 WebShopper 访客的 3 倍。[21]

齐夫 – 戴维斯集团和美国国际数据集团发现很难与 CNET 的最新业务竞争的原因有几个，最简单的是开发基础技术需要时间和精力。CNET 先是在公司内部，然后又通过收购的方式，投入大量资源，开发出专业的软件和管理数据库。（CNET 后来通过向其他电子商务公司授权其数据库获得额外的收益。）相反，齐夫 – 戴维斯集团和美国国际数据集团都把自己定位为出版企业而不是科技公司，没有发展出相同的能力。

此外，来自出版界的高管们也不愿意降低内容和商业之间存在已久的门槛。美国国际数据集团的康林以 CNET 收取“进场费”为例，认为“有很多编辑不喜欢 CNET 的做法”。用户在 CNET 的网站查询产品报价时，发现报价出现的顺序跟广告商是否支付了额外的费用有关。康林评论说：“这一做法从没有被披露过。但是我们的产品列表不和广告商支付的促销费挂钩，我们认为 CNET 的做法会破坏编辑的自主性和信誉。”[22]

除了技术和企业文化方面的问题，美国国际数据集团和齐夫–戴维斯集团的实力也使得它们很难应对CNET的挑战。许多企业对于让消费者略过营销信息，把重点放在比较同类产品的价格上这样的服务不太接受。传统的广告让生产商和经销商能够自己掌控该向公众推出哪款产品及怎样推出。相比之下，就像理查德·马里诺解释的那样，"一件产品多个价位的定价模式，正在把购买的控制权从广告商手里转移到消费者手中"。

由于CNET没有任何历史包袱，因此在这个领域它可以做到行动自如。因为参与这项业务的大部分是厂家而不是销售商，广告商很少，所以不会有什么损失，对CNET和参展厂商来说几乎没有什么风险。但对齐夫–戴维斯集团和美国国际数据集团这样的成熟企业来说，情况就不一样了。凯文·麦肯齐说："它们不能破坏现有的业务，也不能打乱和现有客户的合作。这是它们最反对的也是我们最欢迎的。"

CNET公司的杠杆借力原则：利用对手的合作伙伴

面临的挑战：竞争对手已经同重要的伙伴建立起长期的合作关系，你怎样才能插足进来呢？

解决办法：挑战现状。

- 挑起竞争对手的不同合作伙伴之间的利益冲突。
- 寻找同竞争对手的合作伙伴一起合作的新途径，使竞争对手的基本准则或收入模式陷于危险境地。

Snap! 网站

在推出 CNET 的购物服务后，米纳又转向一个新的目标：建立一个在线购物网站 Snap!。“我敢打赌，齐夫被我们甩得太远了，我现在有精力去和 Lycos、Excite、雅虎及其他公司的人竞争。”他回忆说。

投资 2 500 万美元，CNET 网络公司 40% 的员工参与开发的网站 Snap! 于 1997 年 9 月首次亮相。[23] 这项服务包含两个内容：一个拥有 16 个频道的网站和一个用来引导新用户上网的光盘教程。米纳的设想是通过提供定制和联合品牌服务，为互联网服务供应商、电信公司、电脑制造商的产品增值。到年底，CNET 签署了超过 35 个分销合作伙伴，包括美国电话电报公司的世界网（WorldNet）、地球连线公司（EarthLink）、美国世通公司和斯普林特公司（Sprint）。

Snap! 网站获得很多正面评价，其写着“再见，美国在线”这种挑衅性话语的 T 恤也受到分析师的关注，但是它未能从雅虎这样已建立的门户网站中抢出一点儿业务。1998 年 6 月，Snap! 损失了近 2 500 万美元，造成 CNET 的股价下跌。最后，美国全国广播公司投资 590 万美元获得 Snap! 网站的控股权，挽救了这场危机。美国全国广播公司还投资 3 200 万美元将其持股比例提升到 60%，同时支付 2 600 万美元得到 CNET 将近 5% 的股份。[24] 一年后，美国全国广播公司将 Snap! 网站纳入自己新的互联网子公司 NBCi。

Snap! 网站：深刻的教训

在 CNET 的历史上，Snap! 的遭遇是很令人难忘的，失败的尝试挫伤了公司的士气。邦尼承认："我低估了这次事件的影响，人人都希望成为一个成功团队中的一员。"

更重要的是，Snap! 网站造成公司资源的很大流失。大约有一年的时间，CNET 搁置了新产品的开发工作，因为许多最优秀的工程师集中精力来打造 Snap! 网站。团队的其他人员试图通过开发低成本的工具如时事通信来维持浏览量，弥补损失。尽管如此，CNET 由于资源分散而损失惨重，让竞争对手有了赶上的机会。"1998 年中期，有一次我在上网，然后从办公室出来说：'你们知道吗？至顶网比我们更好。'"米纳承认了这一点。而且，至顶网的用户量已经超过 CNET。

米纳列举了两年中他从 CNET 投资 Snap! 得到的教训："要了解自己的不足之处，选择进入自己有很强竞争优势的市场。除非万不得已，永远不要拿你的核心业务冒险。最后一点是，管理比观念更重要。”但最后，米纳又兴致勃勃地说：“在互联网上，即使你搞砸了，也可以利用 2 000 万美元赚 7 亿美元。”为了保住 Snap! 网站 40% 的股权，CNET 在 NBCi 持股 12.7%，到了 2000 年 2 月最高价值到了 7 亿美元。[25]

集中精力

为了调整资产集中精力做自己的核心业务，米纳和邦尼做出了轰动一时的出售 Snap! 的决定，但这并不是他们的第一次。过去的两年中，CNET 已经将发布内容的软件业务剥离出去，出售其娱乐网站的股份，并让一个管理团队把它的在线软件商店买下。[26]

一个重要的情况就是 CNET 集中精力不再参与到注定要失败的竞争中。1998 年 5 月，齐夫 – 戴维斯集团在其网站推出一个专门报道科技新闻的 24 小时有线电视频道 ZDTV。鉴于这是米纳和邦尼最初的目标，或许他们应该积极回应这一举动。但 CNET 的目标更为远大，公司除了 4 个接收节目信号的短槽外，还推出了 4 部半小时的节目。但到了 1997 年，其互联网的收入仍然是电视收入的近 4 倍，很显然，CNET 的心思都用在在线服务上了。

CNET 愿意将 24 小时电视节目的市场让给齐夫 – 戴维斯集团。[27] “我研究了大量的数据，”邦尼说，“我们相当肯定地认为

24 小时有线电视网络并没有真正的商业价值。” 米纳补充说：“很多人都积极响应，我认为我们的战略是正确的，这样就不会浪费我们本已短缺的资本了。”

CNET 的平衡原则：避免针锋相对

面临的挑战： 实力更强的对手扩大业务范围，进入与你相近的新市场。

解决办法： 在规模经济前景不明朗、无保障的情况下，将精力集中在自己的核心业务上。

- 不要中断战略，尤其是当竞争者进攻新地盘时。
- 不断调整行动配合战略目的，对无益于核心业务的外围业务要主动放弃。

从柔道到相扑：1999—2000 年

Snap! 网站失败之后，CNET 集中力量打造自己的核心业务，即为网上的技术卖家和买家提供信息和服务。米纳和邦尼成立了 100 多人的技术队伍，然后继续疯狂收购，1999 年就收购了 9 家公司（见表 7–2）。CNET 也开始扩大其业务范围，转向电子消费与企业计算等领域。最后，在奠定扎实的基础后，CNET 开始进入新的市场。最值得一提的就是，2000 年 2 月 CNET 公司花 7.4 亿美元收购了一个领先的购物搜索引擎 MySimon.com。米纳和邦尼将 MySimon 的搜索功能与 CNET 消费者、内容和商业三位一体的优势相结合，希望能够打造出一个电子商务强国。

表 7–2　CNET 收购列表（截至 2000 年 6 月）

公司	业务	价格 / 百万美元	日期
U.Vision	网上购买计算机产品的价格和可用性引擎	21	1998 年 5 月
NetVentures	网上存储创建系统	12.5	1999 年 2 月
AuctionGate Interactive	网上拍卖计算机产品	6.5	1999 年 2 月
WinFiles.com	软件下载服务器	11.5	1999 年 2 月
KillerApp	计算机和消费类电子产品的网上比较购物服务软件	47	1999 年 3 月
Sumo	网上服务指南	30	1999 年 4 月
GDT	多语种市场产品信息的数据库	50	1999 年 7 月
Nordby International	定制财务信息	20	1999 年 7 月
SavvySearch	元搜索服务	22	1999 年 10 月
Manageable Software Services	软硬件自动升级服务	3	1999 年 11 月
Digital Media Services	特定产品升级工具	18	2000 年 2 月
MySimon	在线购物服务	736	2000 年 2 月

注：1999 年 CNET 还收购了 Linux 搜索引擎，具体信息不详。
资料来源：CNET 公司财务报告。

但 CNET 最引人注目的是公司的第一个全面营销活动。1999 年 2 月，财大气粗的米纳至少花了 1 450 万美元和美国在线签了两年半的合同，独家代理其电脑购物指南。5 个月后，CNET 宣布计划斥资 1 亿美元（这大致相当于该公司 1999 年的总收入）推出一个为期 18 个月的品牌宣传活动。

很显然，CNET 需要树立自己的品牌。公司研究表明，CNET 在用户中只有 4% 的独立品牌知名度。[28] 邦尼提出："我们的竞争对手不是另一个网络公司，而是客户对我们不了解。"[29] 同样重要的是，CNET 的领导层抓住机会，利用自己的实力来加强竞争优势。米纳解释说："我们认为自己的事业很伟大，拥有 5 个赢利的业务。其他业务的对手力量都不强大，现在是时候出击了。齐夫–戴维斯公司损失惨重，它在至顶网站投入大量资本，却连续三个季度未能实现预期业绩，所以它无法和我们抗衡。它在银行里只有 3 000 万美元现金，我们有大约 7 亿美元的现金和证券。所以我们说，'好吧，我们加大赌注'。" 1 亿美元的投资也许会让 CNET 暂时出现亏空，但米纳和邦尼愿意冒这个险。"哈尔西的态度是，如果你是一头熊，那也得是灰熊。"邦尼回忆说。

这些计划一宣布，CNET 的股价就下跌超过了 10%。但从竞争的角度来看，赌注似乎已经发挥作用。"两周后，齐夫–戴维斯公司开始出售公司业务；同年晚些时候，美国国际数据集团取消了投资 3 500 万美元建立一个针对我们的网站的计划。"米纳炫耀说。此外，根据 CNET 自己的数据，公司的品牌知名度在 6 个月内提升了一倍以上。

小　结

CNET 在线网站推出 5 年后，米纳和邦尼已可以看出一些成功的迹象。它成为最大的门户网站之一，每月访客人数上升 900 万。此外，该公司是极少数赢利的互联网初创企业之一。[30] 当 2000 年 7 月 CNET 宣布以 16 亿美元收购其主要竞争对手至顶网的股票时，其创始人的远见卓识最终得以证实。[31] 米纳为了寻求新的创业机会而辞职之后，邦尼继续担任董事长兼 CEO，丹 · 罗森维格在公司合并后担任总裁。CNET 很快就成为第八大网络，每月有 1 660 万个用户访问。

至顶网自从罗森维格接管以后取得了蓬勃发展，在受众人数上一直和 CNET 并驾齐驱。但它曾经令人骄傲的母公司齐夫 – 戴维斯集团日子却不太好过，从 1999 年就开始出售公司业务，先是市场研究部，接着是信息技术培训部，然后是杂志。[32] 当它和 CNET 签署转让协议时，其贸易展业务也已停止，集团剩下的一些部门一起并入了至顶网。

相比之下，美国国际数据集团仍然是一个潜在的威胁，它在 20 世纪末收入扩大至 2.5 亿美元。“我们在美国国际数据集团内部沿用了 CNET 的一些模式。”康林说。他们成功地推出电子商务杂志《行业标准》（*The Industry Standard*）。公司网络业务的前景并不那么明朗，部分原因是它培育的是与单本杂志相关的社群，而不是依附于一个专业网站，而且美国国际数据集团没有一个门户网站进入全球前 50。但康林仍然相信他的做法最终会得到回报。他认为，长远地看，美国国际数据集团业务广泛，具有跨越线下和线上平台的能力，因此将继续从全球范围内受益。

但 CNET 的成功并不需要由美国国际数据集团的失败来证明。1992 年，哈尔西·米纳和谢尔比·邦尼从无到有建成了一个世界一流的网站，带领一个资产为 4 亿美元的公司和一度占领市场主导地位的拥有 10 亿美元资产的竞争对手抗衡。不管未来怎么样，没有人能够否定 CNET 的卓越成就。

第三部分

回应柔道战略

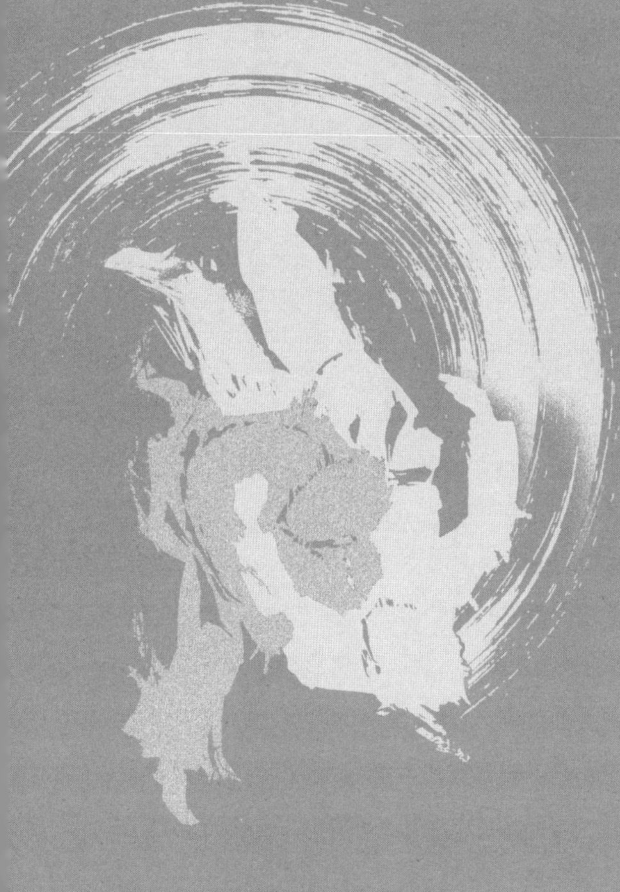

第 8 章

如何战胜柔道大师

从柔道战略到相扑战略

> 一个 170 公斤的大块头足以弥补相扑选手技术和意志上的不足。
>
> **——马克·席林，《相扑爱好者指南》**（*Sumo：A Fan's Guide*）

像唐娜·杜宾斯基、罗布·格拉泽和哈尔西·米纳这样的柔道战略家是很难被击败的。他们头脑聪明、身体强壮、动作灵活迅速。但即使是最有经验的柔道大师也可能被一个更熟练的竞争对手打倒在地。因此，面对柔道选手，你的第一选择是要掌握柔道战略。当你被竞争对手抓住时，你要找到一个更好的抓力；当你的竞争对手找到了一个杠杆，你要寻找自己的杠杆。对于任何一家公司来说，只要管理者有正确的心态和组织能力，都能有效地以柔道战略应对柔道战略。

在面对规模更大或实力更强的公司时，这种战略会特别成功。在柔道比赛中，仅仅靠力量是远远不够的，只有在技术相当的对手之间的比赛中，力量才会起决定性的作用。在这类比赛中，怎样行动也是关键，因为即使是最小的失误也会给对方很大的机会。但比赛中的选手如果实力相当且战术不相上下时，力量更强的一方则占优势。

但是，如果你是力量更强的一方，那么柔道战略就不是你唯一的选择了。对那些资产雄厚、占据市场主导地位、资本充足的公司来说，相扑可能是一个更有说服力的隐喻。在相扑比赛中，力量和体重起决定性作用，竞赛形式从柔道换成相扑之后，实力强、规模大的公司获胜机会就大。

相扑运动

一提到相扑，人们马上会想到一幅画面：两个庞大身躯的抗衡。在相扑顶级联赛中，相扑选手更愿意被叫作相扑力士，他们的平均体重将近 350 磅（约 159 千克）。在夏威夷出生的曙太郎是第一个获得日本相扑总冠军达到横纲级别的外国人，体重达 480 磅（约 218 千克）。[1] 在日常生活中，这个大块头可能是个麻烦。但是在比赛中，曙太郎能够利用自己的体重创造惊人效果，几秒钟内就能把对手推出圈外。

当然，即使在相扑比赛中，力量也不是唯一的制胜因素。20 世纪 80 年代，最伟大的横纲选手之一千代富士，体重差不多只有曙太郎的一半。像千代富士一样，最完美的相扑力士会将力量、精神和技能有机结合起来。但正如一位有经验的评论家指出的，

“一个 170 公斤的大块头足以弥补技术和意志上的不足”。[2]

相扑比赛

相扑比赛开始时，播音员会呼叫即将上场比赛的相扑力士的名字。他们登上赛场，将一条腿抬高，然后再重重踏下去。漱口、擦嘴、撒盐之后，他们做出下蹲动作，拍手召唤众神，并伸出双手表明自己没有武器。接着再撒盐，然后在自己的开始线处下蹲，双手放在地面，盯住自己的对手。如果双方都准备好了，第一回合“立合”(选手从蹲姿立起开始格斗)就开始。如果没有准备好，他们就立起身，回到场边，撒盐，然后再次蹲回场地上。在顶级联赛中，热身活动可以持续 4 分钟，然后正式比赛才开始。

理想的立合状态是双方保持自己的呼吸节奏，眼神接触，并同时从底线爆发起身。这一回合的目标就是要立稳脚跟，抓住主动权，找到攻击角度，占据比赛优势。相扑力士根据他们的实力，采用不同的手段和技术组合。一些选手会攻击对手下半身然后将其推倒；还有人可能会快速攻击对手胸部，手臂发力将对手推出场外或者将对手推倒；还有一些人会紧紧抓住对手的腰带，抱住对方将其推出场外；或者，一旦抓紧，攻击者可能会将对手举起或拧住对手胳膊。

在相扑比赛中，获胜的规则很简单，使对方身体任何一部位着地（除两脚掌外）即为胜利，使对方身体任何部位（包括手、脚）触及界外地面亦为胜利。因此，相扑比赛中没有柔道的受身技术，即学习跌倒，然后再次攻击的艺术。在相扑比赛中，一旦你倒下，比赛就结束了。

赢得相扑比赛

相扑比赛中，体重和力量的作用是不可忽视的，因此通常都是大块头雄霸相扑界。但是在比赛中，心理准备是最重要的，往往在立合之前热身的几分钟就可以决定输赢。有经验的相扑选手因为知道接下来只需几秒钟的身体对抗（比赛可能会很快结束），所以会利用这段时间寻找一个决定性的心理优势。如果一个选手能够在气势上给对方造成很大压力，那这场比赛可能没开始就结束了。

立合是真正决定胜负的时刻。据说相扑比赛 75% 的内容是在一开始的对峙中。顶级选手从一开始表现出来的气势就和一般选手不一样。一个冠军通过一场场的比赛利用立合磨炼出最强的技术，塑造自己的形象。

相扑比赛中有 70 个技术动作。这些动作包括推、挤、扔、绊、弯腰、扭转及其他一些无法归类的技术，例如抓住对手的腰带把对方推出场地。然而，其中只有 10 ~ 15 种技术是广泛使用的。最常用来结束比赛的一个技术是寄切，即准胜利者抓住对手的腰带，把对手推出比赛场地。这个直接利用力量的简单技术是男人之间实力的竞争，一副庞大的身躯几乎可以将对手死死顶住，让对手根本无法发力。他所要做的就是借助下半身的力量用力向前推。

与寄切相反，相扑比赛中有时即使在一个典型的回合中，有许多技术也很难确定。在白热化的比赛中，有时看起来，至少对外行来说，相扑力士可以利用任何动作来赢得赛事。但有些动作在相扑比赛中是不允许使用的。例如选手不能用拳头打人，不能踢到腿以外的地方，不能卡咽喉使对手窒息，不许熊抱，不许拧对方的手指，不许拉对手的头发或抓对手腰部以下的腰带。裁判会因为任何一个违规行为取消选手的比赛资格。

相扑和竞争战略

从规模和力量的角度来看，相扑比赛对选手有三个重要的启示。首先，相扑战略的心态与小狗策略相反。实力更强的选手在比赛之前就可以通过心理战赢得比赛。在商业活动中，正如相扑比赛一样，心理优势是关键，而犹豫是失败的第一步。因此，有实力的竞争对手可以使用高科技行业常用的 FUD（担心、不确定和疑虑战术）预见到交手的结果。通过采取各种方法，如发动客户、供应商和合作伙伴，占主导地位的企业可能阻止任何一个潜在的挑战者，甚至将挑战者限制在你的势力范围之外。

如果你不能阻止竞争，面对动作迅速的对手，接下来最好的回应是把他们锁定，让他们不能移动。最终的决定性因素是力量与速度的结合。你要在僵持中消耗对方，让对方无法快速发展，将比赛变成一场力量之争，迫使他和你面对面地竞争。就像你在相扑比赛中一样，有些战术，例如占领市场、收买客户、锁定供应商，全力以赴地切断对手的后路，对实力强大的企业也许伤害不大，但对实力较弱的企业却非常有效。[3]

然而，我们还有一个重要提示：完成这些战术并不意味着万事大吉了。对于采用相扑战略的企业来说，第三个关键之处是要掌握规则。商业活动就像相扑比赛一样，最终的决胜权在场外，滥用力量可能把即将到手的胜利变成最终的失败。此外，生意场上，规模最大、实力最强的企业必须尽最大的努力按规则行事。所以本章有一个重要的警告：不要做你的法律团队不认可的事情。下面的例子会让你了解到通过哪种战术能够充分发挥自己的实力。当然，某个具体行动是不是可以实施，往往取决于当事人及当事人所处的形势。

先声夺人

对一个市场的领导者来说，在竞争中先声夺人是最直截了当的方式，简单地提供一下未来的价格或技术等方面的信息就可以拉拢客户并且同时也警告了潜在的对手。回到 20 世纪 70 年代，德州仪器宣布了未来两年后随机存取记忆卡的预测价格。迈克尔·波特说:“一个星期后，鲍玛公司（较小的竞争对手）宣布了较低的产品价格；三周后，摩托罗拉宣布了更低的价格；接下来的两周后，德州仪器宣布了摩托罗拉一半的价格，这时就有一些公司决定取消推出这款产品了。”[4] 德州仪器没费一枪一弹就赢得了战斗的胜利。

有时语言本身就能发挥作用，甚至虚张声势也行，当然政府可能对这种行为并不赞成，特别是一些在市场上占据主导地位的大企业，政府不允许你有类似行为出现。许多情况下，要履行承诺，要维护诚信的形象代价会很高。因此，为了充分发挥经济学家德鲁·弗登伯格和让·梯若尔的“大狗”策略的作用，即“规模大或实力强的企业看起来要更强硬或者更具有攻击性”，就要记住行动比言语更响亮。[5] 如果你不仅是在宣传上造势，而且真的有所行动，那你的威慑就更有可能成功。

这一战略的一个典型案例就是杜邦（Du Pont）在钛白粉业务中阻止竞争对手的行为。20 世纪 70 年代初，杜邦的高管们相信这个领域的市场容量在未来 13 年内将达到 53.7 万吨。[6] 据此预测，杜邦决定增产 50 万吨钛白粉，给对手一个下马威。它的举措之一就是，公司不仅宣布了扩大现有设施的计划，还声称要建造一个新的年产 13 万吨的工厂来吓唬对手。最后，杜邦虽然没有成功阻止所有的竞争对手，但这种强势表现还是起了一定作用的，杜邦成了钛白粉的主要生产企业，并且在之后的 25 年内一直保持了自己的地位。

播下恐惧、不确定和怀疑的种子

在以上两个例子中，德州仪器和杜邦使用的是通过宣布自己未来的计划来阻止竞争的战略。另一种常见的战略是破坏对手的信心。吉恩·阿姆达尔离开 IBM 后成立了自己的公司，他创造了一个吸引眼球的词来总结这种方法，他根据《新黑客字典》解释道："FUD 就是'恐惧、不确定性和怀疑'，IBM 的销售人员在遇到那些考虑购买竞争对手产品的潜在顾客时，就会灌输给他们这三个观点。"[7]

FUD 在高科技行业是特别有效的武器，因为这个行业不仅固定成本大、投资周期长，而且业务系统很关键，网络效应影响深远。企业在冒着未知风险的预算上投资时，都要认真考虑一番。FUD 内容简单但作用强大，因为它起到一个震慑效果：实力较弱的小企业将永远不会真正获得增长动力，甚至可能会消失，然后陷客户和合作伙伴于困境中。相反，在前几十年就有一句话很流行："没有人会因为和 IBM 合作而吃亏。"

相扑战略家的目标是让自己的名字成为人们心目中安全的代名词，即使对手的技术更好或者服务更有吸引力，也要塑造对手有风险、不专业的形象。这种策略可以让客户怀疑对手的产品质量，也可在发布自己即将推出的新产品时使用。[8]

瞻博网络的 CEO 斯科特·克林斯回忆和思科交手的整个过程时，认为对手的策略就是"拒绝、延迟、遏制，然后竞争"。他说，思科对瞻博最初的印象是"很有趣，是一个科学项目，而不是一个真正的公司"。然后思科防守的焦点转向拖延，"产品不错，只是没有什么特点"。这一努力失败后，思科试图说服客户有条件地使用瞻博的产品，从而让思科有机会追上来。克林斯说："最后一个阶段是开放的竞争，它变成了实力、规模与技术、速度之间的竞争。"

FUD 的作用，非常难以证明。在大多数成功的比赛中，相扑选手往往根本没有做任何事情。出于自我保护的本能，顾客与合作伙伴都会自动避开那些前景不被人看好的挑战者。第 5 章中，唐娜·杜宾斯基就说过，在她努力为奔迈电脑公司筹集资金时，"比尔的电话"就是一个大障碍。她说，许多公司出于对比尔·盖茨的恐惧，都不愿意和奔迈公司谈合作。

IBM：FUD 策略专家

在其鼎盛时期，IBM 有一个禁止 FUD 的官方条例。公司的经营指南中就有“IBM 的政策是不在产品推出前披露、讨论或销售有关产品的信息……IBM 的代理商不能向客户暗示 IBM 的新产品正在研发中，从而试图阻止客户订购竞争对手的产品。”[9] 但在实践中，IBM 还是有些口不对心。无论是有意还是无意，IBM 公司经常宣布要推出新产品，但又不能准时出货。

IBM 的销售代表经常写信提醒客户说竞争对手的产品有许多“严重”的问题。例如，如果客户要将竞争对手的产品连接到 IBM 的主机，就可能会出现不兼容的问题，或者让主机支持能力大打折扣。[10] 在 20 世纪 70 年代，IBM 被怀疑使用产品和技术优势强化了 FUD。通过改变和升级处理器和操作系统，IBM 向客户灌输关于其他公司产品的负面信息，让客户的头脑中产生疑惑与惧怕，总是担心别人的产品将无法与 IBM 的产品兼容。

微软：20 世纪 90 年代的 FUD 大师

如果 IBM 是 FUD 战略的发明者，那么微软则被广泛认为是 20 世纪 90 年代使用这一战术的大师。20 世纪 80 年代初，微软经常在推出新产品之前就提前发布新产品信息。《信息世界》在 1983 年就声称：“微软要推出 Windows ！”事实上，即使 Windows 1.0 也是在两年多以后才推出的。此外，微软总是擅长承诺给客户“未来的幸福”，让竞争对手确信微软最终会推出其所宣传的产品。[11]

在某些情况下，一些客户和竞争对手认为微软甚至会更进一步，让大家对竞争对手的前景产生怀疑。1996 年 1 月，比尔 · 盖茨和美国在线 CEO 史蒂夫 · 凯斯会面，一位参加过这次会面的美国在线高管说，为了让美国在线放弃网景的浏览器而使用微软的 IE 浏览器，微软毫不掩饰地使用了 FUD 策略。这位未透露姓名的高管说，在列举了网景浏览器一系列的缺陷后，微软最终强调的就是：“合作的团队不仅要有更好的技术和产品，还要有实力和决心让产品和技术立于不败之地。”[12]

FUD 是一把双刃剑。在起诉 IBM 和微软时，美国司法部以 FUD 为证据来支持自己的观点。但一定要注意：不确定性是市场领导者手中一个强大的工具。通过在客户心目中建立声誉并且引起客户对竞争对手的怀疑，规模更大并且实力更强的企业可以在竞争开始前就赢得这场竞争的胜利。

相扑战略：使竞争者心力交瘁

- 发出具有威胁性的定价信号恐吓竞争对手。
- 发出具有威胁性的提高生产能力的信号阻止弱势竞争者的扩张。
- 运用恐惧、不确定和疑心战术使担心风险的客户和合作伙伴处于自己的掌握之中。

锁定对手

许多情况下，全力以赴地将竞争状况搞乱可以提前结束竞争。但是如果这个策略失败了，你就得准备把你所有的力量投入战斗。作为相扑战略家，你的基本目标是促成对手针锋相对地和你竞争，迫使竞争对手耗尽资源，减少他们发挥柔道战略的机会。

超越对手

战胜对手最简单的方法就是在各方面都超越对手。如果雄厚的财力能决定战斗的胜负，那么实力更强的企业必然会赢得胜利。所以如果你的企业属于广告密集型企业，那就加大广告投入；如果你的企业是技术集约型，那就加大研究与开发力度；如果你的企业属于资本密集型，那就加大资产投入。像思科、微软和英特尔这样的公司不会躺在它们的荣誉簿上睡大觉，它们会继续在技术、销售和市场营销方面加大投资，加强自己的防御能力。例如英特尔在研发方面的资本和自己最势均力敌的竞争对手超微半导体公司（AMD）的销售收益几乎一样多。老牌的一流企业可口可乐已经掌握了超越全世界对手的艺术，通常会提供签约奖金、折扣、返利和大额联合营销预算，以保证自己拥有的零售空间、过道上的展示空间和商店里的冷藏空间。[13] 尽管可口可乐很难在竞争中把百事可乐打败，但它经常会使用相扑战术击垮其他较小的竞争对手。

另一种战胜对方的战术就是放弃一些产品或者服务，这是一种牺牲利益的做法，一般的公司通常承受不起这样的损失。一些大公司能够提供免费产品或服务是因为它们可以从其他产品或服务中弥补这些损失。可口可乐就是这一战术的老手，因为它在全球软饮料市场中占有 40% 的份额，而且利润占 85%，比起自己的竞争对手皇冠可乐（RC Cola）和七喜（7-Up），可口可乐的实力足可以负担起广告牌、冰箱、饮水机及其他附加服务。同样，美国在线的用户有 500 小时免费上网的时间，这给实力较弱的竞争对手造成巨大的压力。

锁定关键合作伙伴

另一个相扑战术就是锁定事业成功之路上最重要的合作伙伴。例如，通过和合作伙伴整合，你可以阻止竞争对手的销售。老对手可口可乐和百事可乐在 20 世纪 80 年代就从加盟商手里买断了灌装网络。到 20 世纪 90 年代末，两家公司拥有和控制了近 90% 的加盟商，因此这些加盟商很难有机会再和其他企业合作。可口可乐公司在海外市场上用了同样的战术来对付百事可乐。1996 年，总部位于亚特兰大的可口可乐公司收购了百事可乐在委内瑞拉的装瓶企业，当时，在拉丁美洲，百事可乐只在委内瑞拉有领先优势。可口可乐投资 5 亿美元，一夜之间就抢占了 72% 的市场。这就是相扑战略！

细化市场和攻击目标

第三种战术就是细化市场，针对不同情况全方位地推出不同的品牌。20 世纪 90 年代家居用品市场的龙头企业纽维尔（Newell）通过“好、更好和最好”三类产品全面覆盖了零售行业。这一战略分割帮助纽维尔取得了显著的经济效益，同时使后来进入市场的企业难以找到一个有商机的切入点。[14]

这一战术也有助于大型公司更容易地反击柔道战略家。柔道战术可以利用市场领先者惧怕损失地盘的心理而发挥杠杆作用。但是通过细化市场，相扑战略可以让大企业不再担心自己的地盘被蚕食，而且可以很快锁定目标做出反应。在英国市场上，美国在线采取这种方法回应英国免费服务网络公司的攻击（见第 4 章）。英国免费服务网络公司提供免费互联网接入服务的 11 个月后，美国在线推出了自己的网络服务网景在线。[15] 网景在线推出大量的广告和免费的磁盘，成为强有力的竞争品牌，美国在线借此让英国免费服务网络公司减缓了对自己的冲击，保证了自己的收益不受太大影响。在开始的几个月里，网景在线签署了 30 万用户，从英国免费服务网络公司手里争取了相当大的市场。

美国在线随之将相扑和柔道战略结合，把竞争推进了一步。2000 年 9 月，美国在线推出一项服务，用户交一个月的租费就可以通过一个免费电话号码无线上网，这个举动让美国在线转而占了上风。英国免费服务网络公司最初要倚仗免费上网服务及合作伙伴的收益作为后盾，利用杠杆作用和美国在线进行竞争。对于那些每个月上网超过 7 小时的消费者来说，美国在线的免费服务更受欢迎。但如果英国免费服务网络公司推出像美国在线一样的服务，它将失去自己主要的收入来源；如果它坚持原来的经营策略，它就可能会失去市场份额。英国免费服务网络公司选择和美国在线交手甚至通过降低每月费用将竞争激化。几个月后，美国在线报道说自己的用户数量及利润获得了巨大增长，这些收益很大程度上要归功于美国在线的广告及电子商务收入。然而英国免费服务网络公司面临着越来越大的损失，已同意被法国最大的互联网服务提供商万那杜（Wanadoo）收购。

终极相扑选手：微软

当美国在线展示出一个柔道和相扑战略家的风范时，微软更是表现出自己成熟的柔道和相扑战略家天分。1998年，美国司法部起诉微软的案件让微软的这种能力广为人知。微软在和网景的交手中赢得上风的几个因素成为这个案例中的焦点。网景犯了严重的技术和战略错误，而微软在不到两年的时间里成功地推出了浏览器，并且其性能丝毫不比网景浏览器差。但微软的最终胜利还是要归功于公司掌握了柔道战略，并且辅之以无情的相扑进攻战略。

这个故事的梗概众所周知：网景成立于1994年12月，通过一系列柔道战略迅速占领了浏览器市场（见第2章和第4章）。等比尔·盖茨充分意识到网景的威胁时，这个新企业几乎已经占领了90%的市场，在一些人眼中，网景在那时占据绝对优势。

以柔道战略为引领

盖茨绝不轻言放弃，他开始采用推拉制衡的战术，利用互联网和网景的技术来提升自己。他在1995年5月的备忘录中用“互联网浪潮”来强调互联网的重要性。[17] 他建议，微软应该迎接这一最新的挑战，否则这家软件巨头会走上已经被个人电脑取代的小型计算机公司的老路。因此，盖茨写道：“很明显，专注于互联网对我们业务的每一个环节都至关重要。”

一开始，微软的策略对网景意味着什么并不明显。一队研发人员已经“开始一场圣战，要推出一个世界一流的网络浏览器”，矛头直指网景。[18] 但在微软公司中也有一些人担心网景已经领先太多，他们提出，微软不要和网景对抗，而要抓住对手，与它和平共处。[19] 一个高管写道："我们应该给网景足够的理由与我们结盟（首先是让网景赚足够多的钱），这样网景就有足够的动机不和我们的竞争对手结盟。"[20] 盖茨同意了，他说："也就是说，在两年时间里他们的业务范围仅限于客户端（浏览器），我们同意帮助他们的服务器业务成功，我真的希望看到这样的事情发生！"[21]

1995 年 6 月，一批微软的高级管理人员来到网景通信的山景城总部，提出建立合作伙伴关系，但被网景拒绝了。面对这一回绝，微软准备利用对手的资产采取强硬措施。网景最初广受欢迎是因为推出的免费上网导航航海家，公司的利润主要源于收取用户使用浏览器的费用。对盖茨来说，很明显，微软可以利用这个迫使网景在盈利和市场份额之间做出选择。"针对浏览器的竞争会很有趣。"他在写给一些高级职员的电子邮件中说道，"他们一心要在浏览器上赚钱，人心不足蛇吞象，这种贪婪的欲望会伤害他们，因为是他们制定免费浏览器服务规则的。"[22]

尽管如此，随后的 6 个月，微软并没有发动全面攻击。微软的高级管理层由于要推出 Windows 95 和 MSN 而分心，直到深秋微软才制定了一个针对网景的战略。如果网景使用小狗策略的话，在接下来的 6 ~ 12 个月避免引起微软的关注，竞争可能会来得更晚。"如果没有新闻界和竞争的双重压力，我也不确定会做到所有这些改变，也不会完成得那么迅速，得到那么多关注。”微软CEO 史蒂夫·鲍尔默后来承认。[23]

相扑战略跟上

1995 年秋天，比尔·盖茨认为微软最重要的是以最快的速度占领超过 30% 的浏览器市场。将目标定为低于 50% 似乎令人费解，但盖茨明白在短期内微软需要防止万维网（World Wide Web）将航海家浏览器设为标准。如果微软能抓住 30% 的市场，就将赢得关键的滩头阵地。盖茨认为，全面胜利只是时间问题。

11 月，一个管理团队交给盖茨一份实现这一目标的非常详细的计划。这份题为《如何在 12 个月内争取 30% 的市场份额》的文件提出了击败网景的六步计划，包括交流哪些消息，建立什么样的伙伴关系，如何利用网景来“克隆和超越网景”，以及推进积极的公共关系活动等。[25]

虽然盖茨没有完全同意这个建议，但是这份计划还是涵盖了未来几年微软战略的基本内容。盖茨很快就授权管理部门每年至少投资 1 亿美元研发 IE 浏览器，资本上的投入与网景的比例是3∶1。[26] 微软继续免费提供自己的浏览器，而网景公司则收取合作客户的费用。微软为了提升其知名度和市场份额，采用了该计划的一些建议，如“写支票、购买网站、增加功能，竭尽所能提升用户对微软的接纳程度”。

1996年2月，比尔·盖茨的直接下属保罗·马里兹强调了微软在增强实力和扩大规模方面的重要性。[27]他说，在当时的形势下，这一点非常有必要：网景几乎占了浏览器90%的市场，而微软只占了不到5%。更重要的是，网景正在利用它的市场地位，把浏览器变成一个"虚拟的操作系统"，有一天可能会取代Windows。但微软有能力反击：微软在台式电脑、服务器、应用程序和工具方面都有雄厚资产，比网景的资金更充足。

微软战胜网景计划

如何在12个月内争取30%的市场份额

1. 进军互联网。网景非常熟悉互联网业务而微软与互联网的接触较少。作为一家公司，我们需要在互联网上有一席之地。微软的每个部门都要扪心自问：怎样才能为用户提供更好的互联网，怎样才能让互联网增值而且让其他企业也能获益。我们要在互联网上做出像在图形用户界面和Windows上那样的成绩。我们要发动公关活动，告诉别人我们要致力于提升互联网的作用，而且我们是要制造新的机会而不仅仅是创新。

2. 克隆并超越网景。PSD（页面设置对话框）格式在克隆网景时必须注意，我们不但要提供网景现在提供的服务，还要加上网景日后会研发出来的功能。我们要把这项工作放在首位并且要让最好的研发人员来做这项工作。除了我们计划中的 Win32/OLE（对象链接和嵌入）研发工作外，我们要认真完成扩展 HTML（万维网的一个标记语言）格式及其所有权问题。在此过程中，利用我们的资产优势赶到网景的前头。我们需要在 IE 浏览器加载窗体运行，并且确保窗体运行时间能够扩展到二维布局的 HTML。我们也必须使用多文本格式（RTF），并把它作为 HTML 的自然扩展名，改变 Word 软件和其他文本编辑器以使其能读写这种新格式的文件。

3. 让互联网上 80% 的顶级网站使用微软的产品。我们需要和最优秀的 5 个网站交流，跟他们讨论一个问题，即怎样才会使用我们的 IE 浏览器。我们应该准备好写支票、收购网站或者增加功能，要想尽一切办法让网站接受我们的浏览器。我们需要重新加强现有的针对互联网内容提供商的宣传活动（目前以 MSN 产品为中心），同时安排有激情的人员来负责这项工作。

4. 针对 IE 浏览器开发内容和工具。建立平台之后，我们必须研发出与平台兼容的工具、内容和应用软件，例如 Excel 软件，用大标题显示运行时间。目前，我们在 MSN 及不以互联网为中心的其他业务上的技术非常过硬，现在我们要改变一下思路，即针对标准运行时间和扩展的 HTML 格式，重新将以前的技术进行调整。这必须成为我们软件应用开发部门的头等大事。

- 针对互联网出版商，我们就宣称 MediaView 多媒体信息综合发布系统和 BlackBird 播放器都将把扩展的 HTML 作为其常用格式。除此之外，我们必须要有站点管理工具来运行目前的 HTML 及不同类型的文件。
- 对于应用软件开发商来说，我们需要推出 VB 和 Access 版本，允许作者们开发流式和二维表类型，但同时必须包括一个能在 VB 中使用的一维流式窗体表。
- 对于终端用户来说，我们需要推出能够发送注释和创作主页的非专业编辑器。我们应该加大投资，进入竞争领域，考虑收购现有的公司，以提升知名度和市场份额。
- 包括 MSN 或消费者产品在内的所有在线内容都必须遵循我们的运行标准。我们必须重新制定现有的以 MSN 为中心的内容（例如汽车资源网站和音乐中心网站），确保像都市风景这样新的在线公司能够推动 IE 浏览器上的特色功能。
- 在与众不同的新内容类型上投资，让新内容成为互联网的领导者。我们要在互联网游戏领域将新的游戏软件开发工具包和游戏产品结合，并取得领先地位。我们必须推广面向家庭的产品。

5. 积极推广 IE 浏览器。虽然微软公司在营销方面一直业绩不俗，但是在互联网市场营销方面网景却走在我们的前头，一定要改变这种局面。我们要像网景公司一样加大在线营销部门的投入，同时要利用现有的销售渠道去增加胜算。主要措施包括：

- 合并站点。我们的两个网址经常让用户感到莫名其妙，必须只保留一个具有高价值和高品质服务的网址，这个网址必须能够提供丰富的内容信息。以 IE 平台为中心，所有的网页都要体现 IE 浏览器的新功能。这个网站的优质服务和丰富内容，包括传统的内容（产品支持、升级等），能够吸引大量用户。我们必须要有一个精干的团队来提供内容，扩大 IE 浏览器的市场份额，特别是让 IE 浏览器的用户满意。
- 针对新用户宣传互联网。我们需要确保用户把 Windows 操作系统当作最好的上网方式。我们需要让终端用户有更多的选择，不管他们从哪里访问，IE 浏览器都会为他们服务。我们可以把互联网的新功能做成工具包，让每一个 Windows 95 操作系统的用户都能升级。

- 赢得所有的公司客户。我们要赢得针对公司客户的销售战，销售人员要集中精力使 IE 浏览器安装到更多的网站上。同时我们要将 Office 软件和 NT 操作系统整合。总之，我们要在这些方面战胜对手。

6. 重新定位 MSN 及相关技术。重新定位将影响公司的许多部门，但对 MSN 服务的影响最大。MSN 部门的前沿技术可以解决互联网问题，而且目前它们正在走向互联网。我们必须确保新的 MSN 战略根据互联网浏览器宣传的需要做出改变。以下是三个主要问题。

- 第一是定位。我们需要界定 MSN 服务，首要任务是推广互联网业务，MSN 只是互联网上的一个重要站点。MSN 团队服务的出发点是“互联网”而不是“MSN”。
- 第二是销售。原先 MSN 捆绑销售的做法妨碍我们利用关键合作伙伴推动 IE 浏览器的销售。我们需要开放 Windows 操作系统，让用户既可以得到在线服务也可以联系服务提供商。
- 第三是技术。我们必须要确保 MSN 团队的一流技术集中在推广互联网业务上。这意味着 BlackBird 网站和 MediaView 网站必须使用 IE 浏览器。另外，我们必须将 www.microsoft.com 和 www.msn.com 两个网址合二为一，建立一个集中推广 IE 浏览器的网站。

这份文件的附件分为两部分：一部分是顾客细化分析和必要信息；另一部分是随后12个月里PSD的一份发布时间提议表。

资料来源：美国司法部反垄断部门，《如何在12个月内争取30%的市场份额》，美国政府诉微软案政府证据684号（http://www.usdoj.gov/atr/cases/exhibits/684.pdf，2000年11月19日访问）。

马里兹认为，微软应该将其资源投入浏览器的研发工作，要开发出性能超过航海家的浏览器。如果通过技术和市场将浏览器和Windows捆绑在一起（90%的个人电脑安装的是Windows操作系统），微软就可以迅速获得一个广泛的安装用户群。此外，他建议微软可以通过各种途径争取新用户，例如在贸易展览会上及其他公开场合积极推介IE浏览器，给推广微软互联网新手入门包的厂商支付奖金，跟互联网接入供应商建立伙伴关系，在线上和线下广泛地做广告，通过强化产品的宣传推广活动来争取商业客户，并且突出宣传微软的网络浏览器和服务器都是免费的。微软公司应该接触网站管理人员和其他在线内容提供商，给他们提供工具和营销机会（例如和Windows 95捆绑的光盘），建立合作营销资本来促进IE浏览器的用户接受度。微软公司还应该针对互联网服务供应商、软件供应商和个人电脑制造商采用类似的激励政策。（见表8-1）

表 8-1　微软与网景的交锋

	与网景公司交易	与微软公司交易
企业内网客户		
雪佛龙公司（Chevron）	1996 年 10 月	1997 年 3 月
毕马威公司（KPMG）	1997 年 1 月	1997 年 8 月
互联网服务供应商和在线服务商		
世通公司	1994 年 11 月	1996 年 3 月
美国电话电报公司旗下世界网（WorldNet）	1995 年 8 月	1996 年 7 月
Prodigy 公司	1995 年 11 月	1996 年 10 月
美国在线	1996 年 3 月	1996 年 3 月
CompuServe 公司	1996 年 3 月	1996 年 6 月
斯普林特公司	1996 年 8 月	1996 年 12 月
个人电脑制造商和软件公司		
苹果公司	1995 年 8 月	1997 年 8 月
财捷集团	1995 年 10 月	1997 年 7 月
莲花公司 /IBM	1996 年 11 月	1997 年 7 月

资料来源：Michael A. Cusumano and David B. *Yoffie, Competing on Internet Time: Lessons from Netscape and Its Battle with Microsoft.* Copyright 1998 Michael A. Cusumano and David B. Yoffie. Adapted with permission of The Free Press, a division of Simon and Schuster, Inc.

通过这些方式，微软制造出一个利用自身实力必将获胜的局面，迫使网景开始采用针锋相对的战术进行全面的反击。由于马里兹发现了网景战略中的一个漏洞，所以这一方式看起来非常奏效。他认为作为挑战者的网景已经“被微软公司困住”，无法摆脱网威电脑公司的阴影（担心自己将会步网威公司后尘）。网景公司针对微软的战略做出回应并且表示“公司上下愿意全面应战”。这正是马里兹所希望的，利用网景的薄弱环节，将其拉进一场硬碰硬的较量。

“今天是你的幸运日”

尽管这个计划的大部分无可指责，但是微软从网景手中争夺大额交易的一些激进做法还是在公司内外引起激烈争论。早期的一个例子就是，当微软成功地得到了美国在线的支持时，美国在线的一位管理人员在报道 1996 年 1 月比尔 · 盖茨和史蒂夫 · 凯斯之间的会谈时写道：“比尔 · 盖茨提出一个非常直接的问题：为压制网景公司需要支付你们多少钱？（‘今天是你的幸运日。’）”[28] 比尔 · 盖茨最终打破所有谈判僵局，同意如果美国在线的用户停止使用网景浏览器而使用 IE 浏览器，他就会为每个更换 IE 浏览器的用户支付 0.25 美元。如果美国在线在特定的日期前成功地促使“大部分稳定用户”使用 IE 浏览器，微软公司还将支付 60 万美元的奖金，并且将美国在线的图标放到 Windows 的桌面上。当然这样做就使得微软公司自己的在线服务 MSN 第一次面对来自自家势力范围的竞争。[29]

微软还向其他公司开出了非常具有诱惑力的条件。网景的一位销售经理抱怨说：“如果宏碁电脑（Acer Computer）只用 IE 浏览器而不使用网景公司的浏览器的话，微软就让该公司电脑能够以超低价从 Win 3.1 升级到 Win 95，微软就是利用这种方法从网景手中夺走这个客户。”[30] 微软向总部设在华盛顿的金字塔啤酒厂（Pyramid Breweries）承诺的是提供免费广告和软件，条件是该企业必须使用 IE 浏览器，并在一年内撤掉网站上所有与网景公司有关的内容。金字塔啤酒厂的宣传和媒体经理说：“我可以坚持用网景浏览器，但很明显微软想不计一切代价地保证 IE 浏览器成为行业内的标准浏览器。”[31]

有时微软公司也采取强硬一些的办法。当康柏电脑公司从电脑的 Windows 桌面上撤掉 IE 图标时，微软的一位律师马上写信给康柏公司，要求将 IE 图标放回到桌面上。这位律师写道：“如果康柏公司在 30 天之内不能纠正违约行为，本通知发出 30 天后贵公司的 Windows 使用许可权将被终止。”[32]

通过软硬兼施的策略，1997 年初，微软公司的市场份额增长到 20% 左右，但这远远不够。高级营销管理人员布拉德·蔡斯告诉全球的销售和市场人员：“我们有了市场，但还是没有赢得这场较量的胜利……尽管我们工作努力、士气高涨，而且新闻界也对我们关注有加，但我们还没有做大做强。”[33] 这种想法让微软全面加强了对网景的压力，特别是资深高管敦促微软公司利用 Windows 操作系统这一最有力的武器。在一封严格保密的电子邮件中（该邮件成为司法部诉微软案中最引人注目的证据），负责

Windows 操作系统部门的高管吉姆·阿尔钦说出自己对微软战略的不满，他抱怨说："我觉得我们仅靠现在的策略不可能会赢。我认为我们必须利用 Windows 操作系统，网景在这一点上没法和我们比。我们的操作系统必须拥有更具竞争力的功能，而且我们更需要的是 Windows 的整合。"[34]

除了试图将 Windows 和 IE 浏览器更紧密地捆绑在一起，微软在争取大订单时还将自己在 Office 应用软件方面的实力发挥了出来。例如，1996 年微软和苹果公司有次毫无结果的会谈，一年后比尔·盖茨决定停止柔和的政策，采用强硬手段迫使苹果公司接受 IE 浏览器。苹果公司此时在很大程度上要依赖微软办公软件来支持其麦金塔操作系统（Macintosh）。7 月初，比尔·盖茨给苹果公司的 CEO 吉尔·阿梅里奥（Gil Amelio）打电话通知他一些坏消息。就像比尔·盖茨后来告诉自己高管的那样："我问阿梅里奥，我们应该如何宣布取消麦金塔办公软件？他是要首先为专利权控告我们呢？还是双方和其他独立软件商一起宣布我们正在减少对麦金塔软件的支持呢？"[35]

阿梅里奥受到来自董事会的压力，一个月后丢了工作。1997 年 8 月 6 日，苹果新任 CEO 史蒂夫·乔布斯和比尔·盖茨签订了一份具有历史意义的协议。作为交易的一部分，苹果公司将 IE 浏览器设定为默认浏览器，而微软公司在苹果公司投资 1.5 亿美元，同意继续研发基于麦金塔操作系统的办公应用软件。

在微软公司充分地展示了自己的实力后，苹果公司决定放弃网景公司。

24 小时后，微软故技重施，世界上最大的会计和咨询公司之一毕马威公司宣布放弃网景公司转而和微软合作。微软公司采用典型的相扑战术给毕马威公司提供了超过 1 000 万美元的现金及一系列广泛的服务，条件是毕马威公司必须用 IE 浏览器、微软交换机和 Windows NT 软件，并且要承诺删除已经安装的 1.7 万个网景航海家浏览器。

在沉重的压力下，网景的状况在 1997 年底和 1998 年初开始迅速恶化，公司为了夺回市场份额停止对航海家浏览器的用户收费。但是网景的让步已经太迟了。1998 年的秋天，网景放弃和微软的较量，同意以 100 亿美元的价格被美国在线收购。经过 18 个月的较量，这场浏览器大战基本结束。IE 浏览器的市场份额上升到 86%，而航海家浏览器的份额已下降到 14%。[36]

通过实施柔道战略和相扑战略，微软实现了最初的目标，转败为胜，但微软的激进做法也给公司带来了最大的挑战：美国政府决定将微软公司告上法庭。这种双面结果证明了前面的警告：从微软的经验中学习柔道战略和相扑战略，找出自己的优势，找准竞争对手的弱点，并集中所有资源进行全面有序的进攻；但同时我们要记住的是，从长远考虑，即使是最强大的竞争者，追求成功时也要遵守规则。

相扑策略：锁定竞争对手

- 在支出上超过对手，使他们无法效仿。
- 锁定合作伙伴，让对手无法获得关键的资源。
- 迫使实力较弱的对手进入消耗战或硬碰硬的竞争。

掌握规则

尽管在典型的比赛中，相扑运动会表现得有些野蛮，但总的来说相扑是规则严格的竞技运动，违反规则就意味着丧失比赛资格或者输了比赛。和场地上的相扑选手相比，赛场内有些上了年纪的裁判看上去有些羸弱，但是他们的话就是规则，选手必须遵守。

企业竞争同样如此。当约翰·洛克菲勒和比尔·盖茨这样的行业巨头一出现，执行反垄断法的律师团就开始着手秘密的有针对性的调查了。即使是最强大的公司，一旦被判违反法律也会元气大伤。例如在美国，联邦政府有权依据有罪的裁决拆分公司，监督公司的后续行为，征收巨额罚款，将责任人投入监狱。因为法庭辩论会损耗公司的资源，消磨管理层的精力，影响公司的声誉，所以即使公司在诉讼中获胜也等同于失败。

因此，对于相扑战略家来说，最重要的事情就是掌握规则。但是说起来容易做起来难。真正掌握规则比学习条条框框的知识要难得多。它意味着在没有竞争压力的时候，就要将规则意识灌输给自己的团队。相扑选手进入场地比赛的时候，根本没有时间思考哪些动作是可以做的，哪些动作是禁止做的。一个有经验的选手可以将比赛规则内化，身体的记忆可以使他在不违反规则的情况下本能地做出积极进攻。经过多年的训练，身体的本能动作要比思维来得更迅速。

学习规则

掌握规则的第一步是学习规则。很多人认为《反垄断法》晦涩难懂而且过时了，但是没有哪个大公司能够承受忽视该法律的严重后果。美国反垄断的法律制定可追溯到 100 年以前。1890 年的《谢尔曼法案》是反垄断法的基础，该法案规定，禁止“任何人垄断或企图垄断，或与他人联合、共谋垄断州际间或与外国间的商业和贸易”。后来的法律，包括《克莱顿反托拉斯法案》(1914 年)、《鲁滨孙 – 帕特曼法案》(1936 年) 和《哈特 – 史葛 – 罗迪诺反垄断法修正案》(1976 年)，都是在此基础上制定的。这些法律条文一般都是禁止垄断企业互相串通或从事削弱竞争的活动。这些活动包括独家销售合同、串通投标、掠夺性定价、暗中打折、捆绑销售、互持股权和限制竞争的市场收购。

要理解这些规则必须掌握两个细微差别。第一个是占据垄断地位和滥用垄断地位之间的差别：前者是合法的，后者是不合法的。第二个是应用于潜在的垄断公司和非垄断公司行为上的标准不同。“统治”这样的词语或者一些看似更简单的“市场份额”这样的词语的定义都不够科学。但简单说来，小公司可以做很多大公司不能做的事情。思科激进的CEO约翰·钱伯斯曾指出：“当你是一只可爱的体重30磅（约13.6千克）的黑猩猩时，你的一些行为会让人们觉得很有趣，是可以接受的，而当你体重达到几百磅时，就另当别论了。低估这一点将会犯错误。”[37]

如何界定这一转变是一项艰巨的工作。对微软这类公司来说，管理层始终都保持着创新精神，公司增长迅速，要做出这种界定尤其困难。因为环境所限，一家企业要崛起必须要经过艰苦的竞争。同时，经过艰苦的竞争获得胜利的这种感觉会让人上瘾，尤其是当自己掌握足够多的资源时，竞争对于一些企业来说已经变成一种乐趣。车库创业的时代过去多年后，许多年轻的冠军依然保持着最初的进攻姿态。因此关键是要意识到在公司的成长过程中，规则总会有所改变。法律对大公司的容忍度要比对小公司的容忍度低。监管主体对大公司的审查要比对小公司的审查更严格。

熟能生巧

思科系统公司

思科显然已经把这些教训牢记于心。尽管它在互联网管线设备方面占统治地位，但至少到目前为止，该公司还是成功避免了困扰微软和 IBM 等公司的法律问题。本着小心谨慎的态度，思科与立法者和监管机构的沟通一直非常顺畅。1997 年，思科在华盛顿成立了一个游说部门。在员工培训中，公司也经常使用微软公司的例子作为警示。一份内部文件警告销售人员不要使用“扼杀竞争”这样容易引起激烈反应的词语。他们还把微软的一封特别有争议的电子邮件作为学习内容。

英特尔公司：最好的防守就是最有效的进攻

如果说在反垄断这一领域也有一个冠军的话，那就是英特尔公司了。它的目标是在 CEO 安迪 · 格鲁夫（Andy Grove）的领导下找到“世界上最佳的服从反垄断法的安全措施”。[39] 英特尔是内存芯片和微处理器的创新者，而且一直是市场上的领导者。在 20 世纪 80 年代中期，格鲁夫认为英特尔公司能够“奔向全行业的领先地位”，很大程度上得益于英特尔 80386 微处理器的成功。

随着英特尔公司的发展，格鲁夫越来越关注一个问题：避免重蹈美国电话电报公司被拆分的覆辙。他回忆说："我参观过美国电话电报公司，亲眼见到他们遭受打击后的窘迫。反垄断诉讼使这家企业陷于瘫痪。"于是格鲁夫决定采取主动，而不是坐等垄断问题进一步发展。他认为英特尔公司应竭尽所能地确保垄断问题永远都不会出现。

在咨询过英特尔的总法律顾问汤姆·邓拉普后，格鲁夫说他当时得到的印象是"该法案的执行是有弹性的"，所以他建议在安全地带设置一个经营活动"防护带"。"防护带"是一个信息工程专业术语，即安全边缘地带，指明确的规范与实际要求的更高标准之间的差别。根据反垄断法的内容，防护带成为一种简约标准，却"比我们的法律更保守和严格"。

正如格鲁夫所说，建立"销售行为、商业行为和商业实践的新标准"是比较容易的，真正的挑战来自如何跟整个高级管理层沟通并要求他们承诺遵守新标准。格鲁夫说："我们付给营销、业务发展和销售人员报酬，要求他们积极进取。你怎么才能将这种新的保护带行为强加给一群与反垄断理念背道而驰的人呢?"

英特尔公司开始对所有相关员工进行现场培训——而不只是依靠小册子或视频宣传。法律部门培训全部行政人员和非生产部门中包括销售人员在内的 60% ~ 70% 的员工，并检查所有的报告。课程介绍了许多基本可以做和不允许做的内容：不能限定价格，不能有涉及微处理器的排他性合同，不能同竞争对手就有关产品和定价进行谈判。同时，课程也注意到一些人们容易出错的灰色地带，如技术合作和捆绑销售。邓拉普解释说："我们并不是想让每个人都成为反垄断法专家，但我们希望他们知道什么时候应该联系专业的律师。"

在后续的培训中，邓拉普的团队为公司的不同部门分别制订了培训方案。例如针对销售人员，培训将深入探讨定价和捆绑销售；针对产品研发部门，培训可能会额外增加知识产权内容以及专利申请和反垄断法之间的冲突等内容。[40] 一次典型的训练课大约持续一个小时，公司内部的各个部门每年都要参加几次培训。此外，管理人员每年至少也要参加一次培训。

安迪·格鲁夫全力支持邓拉普的反垄断法培训，不仅允许邓拉普在管理工作会议上拥有"不受限制的发言时间"，而且允许他充分利用员工会议"随时提出观点，找到例子，发现失误及错误的判断"。邓拉普承认说："安迪从一开始就非常支持我们，他向管理层及员工解释培训的重要性，要求每一个行政人员都要与法律部门配合。时间一久，从安迪到公司的每一位员工都接受了这种观念。经过几年的培训，它成为英特尔文化的一部分。"

但是英特尔公司不只是依赖讲座和讨论会。为了让反垄断法的观念在英特尔公司深入人心，成为公司的"身体记忆"，格鲁夫和邓拉普采取了更加积极的态度。从 20 世纪 90 年代起，英特尔的法律部门制定了随机抽查员工档案的制度。律师将随时抽查一位经理的文件、磁盘和电子邮件，检查联邦贸易委员会或司法部可能要求的文件。这种抽查一开始只是针对公司上层，然后逐步扩大到整个公司，并且年复一年地坚持了下来。一旦发现违规行为，法律部门将调查事情始末，加强补救措施，更新培训内容，以防止类似的问题再次出现。邓拉普解释了为什么要这么做："这个领域不能出现 80% 的正确性。我们必须抓住每个细节。"关注细节、追求极致的工作方法为英特尔公司储备了稳定的适应反垄断法的力量。

法律部门最强大的武器是模拟宣誓作证。邓拉普在抽查到高层管理人员及其下属后，会雇一个反垄断法诉讼人利用查到的资料在全体管理人员面前仔细询问这位管理人员。经过一个小时的密集询问后，公司聘请的律师将再花时间和这位管理人员讨论主要的教训，这位管理人员还要回答现场经常起哄的观众的问题。邓拉普解释说，角色扮演对任何一位心存侥幸的高管都有一种戏剧性的警示作用。"你真的无法想象在一个充满敌意的律师面前作证会是什么样子。所以我们让大家有机会体验训练内容。想想看，如果你看到一位高级主管在同行面前被严加询问，你还会写那些将陷你于困境的备忘录吗？你还会说一些可能给你带来麻烦的话吗？"

安迪·格鲁夫表示同意，他说："这个过程很有意思。一开始你可能会不以为然，一份备忘录怎么可能成为证据？你很明白应该怎样写备忘录，而且那份备忘录可能就是你自己写的。然后你发现面前的备忘录成为对你不利的工具和武器……你开始颤抖，不禁感慨‘感谢上帝，幸亏那备忘录不是我写的’。”格鲁夫说，认罪的那一刻是模拟宣誓作证最有警示作用的时刻。他解释说：“我们不常使用这种方法，因为没有这个必要。”

尽管格鲁夫和邓拉普做了最大的努力，英特尔仍没有摆脱被调查的命运。鉴于英特尔公司的规模和实力，监管机构一直都在密切关注该公司是很正常的。在 20 世纪 90 年代，联邦贸易委员会两次调查英特尔公司。虽然英特尔公司 1999 年签署过一项关于知识产权的文书，但这两次调查都没有再深入下去。此外，2001 年欧洲委员会也展开过一次调查。尽管有这样那样的一些审查，英特尔公司还是避免了近几十年来困扰着 IBM、美国电话电报公司、微软及其他大公司遭遇的反垄断诉讼。

在解释为什么英特尔公司能够逃脱其他相扑战略家的命运时，安迪·格鲁夫认为公司的成功在于他们将反垄断原则深入传达到公司各个部门。格鲁夫解释说：“英特尔公司的工作程序是，每一个许可证或者每一份长期合同都要由法律部门来审议和讨论，审查它们是否符合规则。我们所做的大部分工作都涉及实质内容。”然而无论多么谨慎，当一家企业成为一个市场领导者时，就必须时刻做好接受审查的准备。因此，英特尔也非常关注形式。

正如格鲁夫所指出的："当你的行为和理念都没问题时，在心情不好时写的一份文书极有可能让你以前许多的努力、原则和实践都化为泡影。这种情况是完全可能发生的。"英特尔公司努力防止此类最不起眼的问题的出现。格鲁夫总结说："因为反垄断渗透到我们所做的每一件事情中，我们能掌控自己的命运。"

掌握规则

- 学习规则，并谨记，随着你的成长，规则也在改变。
- 通过反复训练、角色扮演和演练，在企业中宣传反垄断意识，使之渗透到企业各个角落，成为企业的"身体记忆"。
- 不能忽视细节问题，就掌握规则而言，二八原则不适用。

第 9 章

柔道战略应用指南

保持进攻姿态直至最后胜利。

——斯科特·库克，财捷集团 CEO

柔道战略的核心就是深刻理解竞争形势，并且通过行动将对手的实力转化为你的优势。这跟科学研究不一样，没有获得胜利的简单公式。柔道战略要求将纪律性、创造力和灵活性综合运用。你只有掌握了柔道战略的基本原则，才能利用对手的实力战胜对手。但是，这种方法的效果和你所付出的努力是对等的。

短期的成功并不需要你全面娴熟地掌握柔道战略。我们在这本书中讨论过的许多公司通过巧妙地运用一个战术就建立了强大的地位。例如，英克托米公司和瞻博网络就是通过划定竞争空间迅速获得了在行业中的领先地位。Dryper 公司采用推拉战术，利用宝洁的实力达到了自己的营销目的。另外，英国免费服务网络公司熟练地利用对手的资产，在几个月内就超越美国在线欧洲部，成为英国领先的互联网服务商。

无论何时，根据你所处的竞争阶段，单独一个柔道战略原则就可以发挥特别重要的作用。在竞争初期，较量的前景还不够明朗时，移动原则往往是最关键的成功因素。当竞争对手开始警醒并准备对你发起攻击时，平衡原则就可以发挥作用了。而一旦你准备攻击既定目标，就到了寻找杠杆并且发挥杠杆作用的时候。

要想赢得长跑比赛的胜利，你需要掌握一个更大的柔道战术组合。在柔道比赛中，你有时会发现很强的竞争对手"倾向于结合自己的实力只使用一个或两个技术"，就像一位观察家写的那样，"但是如果他们碰到一个高手，这些最常用的技术被对方预测到并且避开时，他们就会彻底失败"。[1] 因此，一个真正的柔道大师必须掌握多种战术，而且还可以在同一时间不断学习新的取胜方式。

本书中讲到的柔道战略家都擅长将不同的战术整合为一个连贯的整体战略。奔迈电脑公司的唐娜·杜宾斯基和杰夫·霍金斯首先掌握了小狗策略，划定了一个新的竞争空间，接着是在快速发展的同时小心避免与微软硬碰硬地较量。当他们离开奔迈公司创建 Handspring 时，还采用了推拉战术，借奔迈的实力加强了自己的优势。

瑞尔数码公司的创始人兼 CEO 罗布·格拉泽也通过移动战术和快速发展战术在行业内领先了 12 ~ 18 个月。此外，格拉泽通过销售、授权和股权交易抓住了自己的竞争对手微软，回应了微软的各种攻击。最后，格拉泽与微软的竞争对手合作，将杠杆借力原则的作用发挥到极致。

CNET 创始人哈尔西·米纳和谢尔比·邦尼利用杠杆借力原则战胜了一些科技媒体大公司。不仅如此，这两位还掌握了柔道战略中的移动原则。2000 年，当 CNET 从一个失败者转身成为领先者时，米纳和邦尼又从柔道战略转向相扑战略。两人在继续使用杠杆借力的同时，还学会了利用大公司的实力，斥巨资发动声势浩大的品牌推广活动，利用高涨的股价收购最重要的竞争对手。

柔道战略家如何应对不利局面

我们所分析的柔道战略家（及讨论到的大多数公司）在我写作本书时仍然还在成功的行列。就像在柔道比赛中一样，柔道战略无法保证选手永远都会成功，即使是优秀的柔道高手也会失败，有时是因为遇到了更强的对手，有时是因为违反了柔道战略的原则，有时是因为准备不足。

面对更强的对手

最具讽刺意义的是，柔道战略往往在成功中孕育着危险。你的规模越大，就越容易遭受攻击。当你经营一家企业时，你的投资规模、资产和实力都可能成为对你不利的因素。你越成功，你就越有可能遭遇一个更新、更强或者更好的柔道战略家。

例如，当年网景已经占领了 90% 的浏览器市场，正因为如此，它才能够得以募股上市，但这些成功反过来让网景更容易遭受攻击。由于网景对使用其浏览器的客户收费，比尔·盖茨很快就发现这是一个重要的杠杆支点。微软公司研发出一款具有可比性的产品并将产品免费送给客户使用。微软迫使网景做出一个艰难的决定：要么什么都不做，失去市场份额；要么和微软一样，推出免费浏览器，承受收入下降、股价下跌的后果。网景在近一年半的时间里一直纠缠于这个问题，而它的市场份额每个月下降 1.5 个百分点。最终，微软在这场浏览器较量中获胜。

我们在第 2 章讨论的英克托米公司遭遇了一家新成立的小公司采用柔道战略对其发动的攻击。1999 年，阿卡迈公司开始加入战团，通过划定竞争空间，在互联网缓存方面挑战英克托米公司。虽然英克托米公司将自己的业务范围界定在软件市场（思科试图把它变成一个设备企业，但没有成功），但阿卡迈公司在较量中占了上风，创建了一个基于提供服务而不是产品的业务模型。虽然那时还无法预测哪家公司会在这场斗争中最终获胜，但显然英克托米公司已经发现，随着成功的来临遭受攻击的可能性也增大了。

遭遇一位柔道战略高手时，你有两个选择。你可以从柔道战略宝典中寻找新的攻击途径，寻找新的杠杆或新的机会来限制对手的移动空间，这样即使面对最气势逼人的柔道选手，你也有机会获胜。不过，如果你的实力超过你的对手，正如我们在第 8 章中讨论的那样，不要羞于出手，使用相扑战略迫使实力较弱的对手进行面对面地较量。在这两种方法中，没有一种方法是万无一失的。但根据你的战略优势精心实施反击，你赢得胜利的机会就会大大增加。

打破规则

虽然柔道战略家失败的原因往往是因为遇到更好或更强的对手，但失败的最大威胁并不总是来自外部。一些公司由于自己放弃柔道战略或打破规则而失败。基于多年来带领联邦快递和麦考移动通信和大公司进行竞争的经验，网景的 CEO 吉姆 · 巴克斯代尔对于柔道战略有着深入直观的感受，但巴克斯代尔不能阻止其他高级管理人员“挑衅行业巨人”，他也无法阻止公司因发展过快而失去控制。同样，尽管网威的 CEO 雷 · 诺达也了解在市场上和大公司竞争时的注意事项，但他还是选择了针锋相对的战术。

许多公司没有能够成功地使用柔道战略，因为它们缺乏自律，如不愿低调地使用小狗策略，抵制不了硬碰硬较量的诱惑。企业和个人的自尊往往将竞争者引入歧途，就连使用柔道战略的高管们都在不知不觉中打破规则。柔道战略包含了内在的压力，有时似乎未受过训练的选手可能无法承受。为了获得长期的成功，我们应该认识到这些微妙之处，并且设法在各种战术之间做一下权衡取舍。

小狗策略与快速发展

对雄心勃勃的 CEO 们来说，柔道战略所带来的最大挑战之一就是在众目睽睽之下示弱。发展中的公司需要赢得客户和合作伙伴，他们有时需要制造声势引人注意。有些时候，小狗自己就想叫两声。

如果你处于不容置疑的领先地位，或者像 CNET 的哈尔西·米纳那样有着强大的杠杆，那么可以尝试一下“挑衅巨人”。以赢家的形象高调出现，可以收获知名度，得到许多实际的利益回报。但对大多数公司而言，奔迈电脑公司树立了一个更好的榜样，先是抓住早期的用户，争取在主要竞争对手的身旁有立足之地，然后专注自己的产品设计，提高内部流程的效率。通过这一系列的措施，奔迈电脑公司获得了巨大的市场份额而且并没有引发大规模报复。奔迈电脑公司成功的关键是该公司非零和博弈的能力。根据奔迈的定位，它并非要将微软完全置于死地，而是实现双赢的局面。

两年的时间里，这一战略一直非常有效。当微软把奔迈公司定为攻击目标时，奔迈公司已经有能力采取更为大胆的方法。许多采用小狗策略的公司最终都会做出类似的转变，但时机的选择非常关键，更大的危险通常在于过早地做出决定。例如，全美达 2000 年初放弃小狗策略可能就是一个战略错误，通过公开挑战英特尔，全美达首次公开发行股票，但它也挑起了一场针对自己的反击，而且这轮反击可能削弱全美达未来的发展势头。

避免针锋相对与推拉制衡

许多柔道战略家面对的第二个挑战是如何协调这两种战术。当 Dryper 决定接受宝洁公司的优惠券时，它运用的是推拉制衡战术还是针锋相对的战术？当沃尔玛在自己的商店公布凯马特的通告时，或当微软决定从太阳微系统公司取得 Java 的许可时，又是一种什么情况呢？

针锋相对和推拉制衡之间的差异很微妙，同时又很重要。针锋相对的战斗是纯粹的实力较量，双方都会不遗余力、全力以赴地参加战斗。相比之下，当你有机会迫使对手将一只手绑在身后时，就可以利用推拉制衡战术了。例如，一旦 Dryper 接受了宝洁公司的优惠券，宝洁公司通过促销活动获得的收益就会减少。最终，它会自己结束这场攻击。同样，在微软采用并扩展了 Java

这一程序后，太阳微系统公司就失去了和最大的竞争对手抗衡的杠杆，最后只有诉诸法庭。

这些例子说明，推拉制衡通常就是直接回应竞争对手的行为。但是如果运用得当的话，完全可以避免针锋相对的较量。针锋相对的战术将竞争推向更白热化的境地，而推拉制衡的目的则是削弱对手的攻击力。

抓住你的对手

许多柔道战略家面对的第三个问题是，在抓住对手时，需要找到合作与竞争的契合点。当你使用这个技术时，你要通过调整动机来降低强度或减少可能的冲突。但是，柔道战略的最终目标依然是战胜对手，赢得更大的市场份额。

因此，在使用这项战术时会出现两种错误。一方面，你可能因为太像个“好人”而没有坚持住自己的原则，最终让对手达到了攻击目的。时间会告诉我们，像亚马逊或玩具反斗城这样的公司是否会落入这个陷阱。另一方面，你可能过于激进，最终引发一场激战。在与微软的交易中，罗布·格拉泽就采用了这一危险战术。

相比之下，易贝和美国在线似乎已经成功地避开了这两种极端行为。通过一些小措施（出于需要而不是选择），这两家公司建立起互利双赢的关系。在易贝继续掌控 C2C 的拍卖业务时，美国在线同时也有所收益。

战略实施失败

掌握柔道战略的微妙之处将有助于企业开展更有效的竞争，但即使是最优秀的柔道战略家仍然可能由于实际操作失误而失败。这些失败的案例各有不同的状况。例如，尽管 eToys 手握杠杆，但仍然发现自己在货物配送方面无法满足客户的要求，而且竞争初期也没有募集到足够的资本。同样，世嘉公司成功地利用杠杆作用击败任天堂公司，但当索尼进入市场并且改写了竞争规则时，世嘉公司却无法在新的竞争中保住胜利的果实。

这些弱点可以击垮一家任何规模的公司。但是，这对较小的企业提出了一个问题。像微软这样的巨头企业在出现状况之前还有缓冲机会，但是对于那些小企业来说，一个错误的决定就可能在一夜之间对其造成沉重的打击。因此，小企业和实力较弱的柔道选手一样，可以利用完美的战术稳扎稳打地战胜大企业，但是，如果竞争对手战术娴熟而且实力强大，即使是轻微的错误也可能很快就造成失败的结果。

没有万无一失的战略，但正确的思维模式可以减少错误出现的可能性。在艾瑞柏公司，这意味着给员工灌输“lasercution ”的重要性。公司的创始人之一鲍比 · 林特解释说：“这个词的定义就是，竞争中我们要打破思维定式，扩大关注范围，突破行为局限。这就是我们的员工要记住的。”似乎很明显，这是基本的预防措施，但却经常被人们忽视。

怎样成为一个更优秀的柔道战略家：向最优秀的柔道战略家学习

过去和现在的柔道战略大师都说过，最好的战略可以帮助你到达竞争的顶峰。掌握柔道战略，仔细研究你所处的行业和自己的竞争对手，记住以下 5 条规则可以帮助你成为更优秀的柔道战略家。

规则一：保持对核心业务的专注

无论从奔迈电脑公司和世嘉公司这样的小企业，还是嘉信理财这样的大公司来看，最成功的柔道战略家都能够保持专注力。不管外部的机会有怎样的吸引力，我们都要牢记一点：你越是专注，就越容易充分利用资源。一旦业务开始有所拓展，你就很难集中力量进行一次全方位的攻击。

例如，哈尔西·米纳由于在关键时刻投资成立 Snap! 网站，几乎将 CNET 公司拖垮，他说："我们要知道自己的极限，一定要进入自己拥有明显优势的市场。除非特别有必要，否则永远不要拿你的核心业务冒险。"易贝的 CEO 梅格·惠特曼认为专注于一项业务往往是柔道战略成功的关键，她指出："我们的战略既排外又包容，你得想好你要做什么。”

规则二：保持进攻姿态，避免正面攻击

成功的柔道战略家也会选择进攻战术。唐娜·杜宾斯基说：“占据领先地位并保持下去。”一旦小公司或者实力较弱的公司开始防守就意味着战斗可以结束了。所以世嘉公司的创始人斯科特·库克建议“保持进攻姿态直到赢得胜利”。库克指出：“如果你防守，就会有一个防守的心态，就会被竞争对手牵着鼻子走。”

但保持进攻姿态并不意味着和竞争对手面对面地较量。“生命太短暂了，”库克说，“我真的不想正面攻击一个成熟的竞争对手。”英克托米公司的 CEO 戴维·彼德施密特说：“正面攻击实力是你 10 倍的对手就是一种自杀行为。”

规则三：计划并准备好支点

一个常见的误区就是，人们都认为前面谈到的那些动作迅速的公司都是只靠自己的智慧才发展起来的。其实最成功的柔道战略家会做好未来三年的计划，不会纠结于当下的压力和问题，而是展望前面的挑战。英克托米、易贝和奔迈公司的管理人员都认为，即使在这个以互联网速度开展竞争的时代，长期规划还是

有必要的。不管你的动作有多么迅速，你都要预测竞争对手的行动及客户的需求，然后再做短期内无法有回报的长期投资。

虽然是长期计划，优秀的柔道战略家也必须准备“支点”，如罗布·格拉泽说的那样，“当我们在短期收益与长期可持续性收益之间权衡取舍时，我们会将长期目标作为首选”。格拉泽解释说：“在同一时间，为了在有些状况下保持优势，我们必须要选好支点。”在一份不为人知的协议中，时任微软CEO史蒂夫·鲍尔默对格拉泽的观点表示同意，并且强调了在应对突发事件上做好准备的重要性。鲍尔默认为，作为一家拥有3万名员工的大公司，微软在许多场合的表现已经证明它可以像一家小公司一样灵活，时刻准备着为应对新的竞争而快速做出调整。

规则四：在陌生的行业寻找杠杆借力

为了发挥杠杆作用，你必须严格考察竞争对手的最大优势，并找到机会将其优势变为劣势。因此，柔道战略可以从反直觉性的思维中找到力量。正如斯科特·库克所说：“年轻人和小公司的最大资产就是他们能够突破思维定式，以一种全然不同的方式看待世界。当你这样做时，大的竞争对手往往从不回应，因为大公司不理解也看不到其中的意义。等他们意识到这一点时，情况已经变了。”但是大公司不必对此感到绝望。通过提出新的问题，挑战传统思维，鼓励创新思想，像嘉信理财这样的大公司已经证明它们有能力进行创造性的思考。

规则五：勇于承担后果

最后，许多柔道战略家从良好的意愿出发，却在竞争中耗尽资源——特别是在互联网时代，到处可见新技术、新对手和更有力的竞争手段。但正如嘉信理财的联合 CEO 戴维 · 波特拉克所说："如果你到最后仍然要面对一切后果，那还等什么？"波特拉克和他的团队艰难地做出决定，牺牲收益不错的折扣经纪业务，开展互联网业务，冒着极大的风险，将电子嘉信整合进主流业务。波特拉克认为："等待没有一点儿好处，如果你要改变自己的商业模式，就要勇于承担后果。拖延只会削弱你自身的实力并且给对手一个翻身的机会。"

小结：战略与隐喻

柔道战略是一个隐喻，就像所有的比喻一样，它既有优点又有弱点。除了可以提供一个有用的工具让人们描述事件、制订行动计划，隐喻还让我们从全新的角度去看待问题，做出引人深思的联系，发现未知的真理，以陌生的方式思考熟悉的事物，从而让人们摆脱传统思维的束缚，从新的角度来思考问题。

隐喻在商业中普遍存在，因为它们可以启发创造性思维，给日常生活带来色彩与戏剧性。但基于隐喻制定商业战略也存在风险，隐喻的力量在于发现不同事物之间的共同元素。隐喻是从差异中总结出来的，但是在现实世界中，差异会一直存在下去。关于柔道战略，重要的是要记住，柔道是非赢即输的零和博弈，而商业竞争往往不是这样的。此外，在柔道比赛中，选手只要专注地面对一个对手就可以，而在商业竞争中，一家企业要面对形形色色的群体，特别是客户，尤其需要你的关注。

法国诗人保罗·瓦尔曾说过，把隐喻和事实混淆起来是很愚蠢的。但只要你明智地选择隐喻表达式，认真推敲隐喻的含义，找到适用的机会，你就可以把修辞理论变成一个有价值的工具。在本书中，我们没有使用那些已经被过度消费的商业隐喻，如战争、国际象棋和足球等。在我们手中，柔道战略是一个观察、分析和讨论商业竞争的方法；在你的手中，我们希望柔道战略成为一个让你成就事业并且能够战胜竞争对手的工具。

致　谢

本书的出版要感谢很多人。

首先，我们要感谢那些慷慨的高管，他们花时间来分享自己在竞争战略方面的经验和见解。我们特别感谢唐娜·杜宾斯基和杰夫·霍金斯（Handspring 公司），罗布·格拉泽（瑞尔数码公司），哈尔西·米纳和谢尔比·邦尼（CNET 公司），托比·伦克（eToys 公司）。他们不仅接受了深入采访，还给了我们大量的机会访问他们的同事，而且通过手机和电子邮件及时回答我们的各种问题。

我们也非常感谢柔道高手和相扑大师向我们详细介绍了这两种竞技形式。来自马萨诸塞州萨默维尔东北柔道俱乐部的戴尔·斯威特（Dale Swett）和克拉克·埃德森（Clark Edson）耐心地回答了我们一些最基础的问题，并用了一个小时的时间给我们示范，这比我们勤奋地读上几个星期的书收获更大。美国柔道发展项目主任和旧金山州立大学心理学教授戴维·松本（David Matsumoto）、东京讲道馆柔道协会的馆长和教授村田直树（Naoki Murata）帮助我们更好地了解了柔道背后的理念。《相扑》杂志的首席主编戴维·夏皮罗（David Shapiro）分享了他对相扑深刻的认识及鼓舞人心的积极态度，两个前相扑力士乔治·卡利马（George Kalima）和珀西·基帕帕（Percy Kipapa）则进行了现场表演。

纵观在东京的采访，感谢哈佛商学院亚太研究办公室常务理事卡米尔·唐·叶（Camille Tang Yeh）的专业指导和建议，感谢总经理詹妮弗·麦克尼尔（Jeffrey McNeill），有很多采访归功于她广泛的人脉。在加利福尼亚州，哈佛商学院加州研究中心主任克里斯·达尔沃（Chris Darwall）提供了宝贵的援助，给我们安排访谈，帮助我们完成善后工作。

迈克尔·科索马罗（Michael Cusumano）帮助我们形成早期的柔道背后的战略思想。在合作出版《互联网时代的竞争：网景及其与微软竞争得失录》（自由出版社，1998）一书的过程中，我们详细地讨论了柔道战略及其如何应用于微软和网景的竞争。许多想法分别在该书和 1999 年 2 月《哈佛商业评论》的一篇文章中出现。

很多人在本书创作的不同阶段读了稿子并提出有见地的评论，这些评论虽然延长了我们的写作时间，但极大地改善了最后的成果。我们要感谢巴拉特·阿南德、乔·巴达拉科、亚当·布兰德伯格、皮特·考夫兰、潘卡·格玛沃特、艾伦·伦科尔伯格、理查德·菲埃特和哈佛商学院竞争与战略研讨会（2000 年 11 月）上的宝贵意见和反馈。此外，特别感谢为我们提供了大量书面反馈的朋友和同事：微软的前员工本·斯利夫卡和安东尼·贝；以前在微软工作，现在凯鹏华盈的拉斯·席格曼；耶鲁大学的大卫·科利斯和巴里·奈尔伯夫；西班牙商学院的爱德华·巴拉林；沃顿商学院的姚峣；哈佛商学院的莱蒙·卡萨德苏斯–马萨内尔、乔瓦尼·加韦蒂、塔伦·卡纳、扬·里夫金和尤哈·萨林。

哈佛商学院出版社编辑部主任马乔里·威廉斯一直是这个项目的热心支持者，当《柔道战略》还是一个想法的时候她就对我们鼓励有加。我们还要感谢我们的编辑霍利斯·海姆鲍奇、林赛·惠特曼和阿曼达·加德纳，感谢他们在成书过程中对我们的帮助和指导，感谢哈佛商学院出版社及同行评审的许多改进意见。

我们要感谢哈佛商学院研究部的资金支持，特别是院长金·克拉克和研究主任迈克尔·吉野。本书需要大量的采访，无论是在美国西海岸还是在日本的采访都离不开学校的支持。

最后，我们要感谢大卫·尤费的助理凯思珍·古斯塔夫森，在过去 16 年的大部分时间里，她负责各种管理事务，获得授权许可，并保证计划有序进行。没有她的协助，要完成这本书是不可想象的。

注　释

前言

1. Scott McNealy, "It's Like . . . " *Forbes ASAP*, 2 October 2000.
2. Michael A. Cusumano and David B. Yoffie, *Competing on Internet Time: Lessons from Netscape and Its Battle with Microsoft* (New York: Free Press, 1998).
3. Gary Hamel and C. K. Prahalad, "Strategic Intent," *Harvard Business Review* 67, no. 3 (May–June 1989): 63–76.

第 1 章　柔道战略简介

1. Judith R. Gelman and Steven C. Salop, "Judo Economics: Capacity Limitation and Coupon Competition," *Rand Journal of Economics* 14, no. 2 (1983): 315–325.
2. Peter F. Drucker, *Innovation and Entrepreneurship: Practice and Principles* (New York: Harper & Row, 1985), 230.
3. Inoue Shun, "The Invention of the Martial Arts: Kano Jigoro and Kodokan Judo," in *Mirror of Modernity: Invented Traditions of Modern Japan*, ed. Stephen Vlastos (Berkeley: University of California Press, 1998), 163–173.
4. Jigoro Kano, *Kodokan Judo* (Tokyo: Kodansha International, 1986), 16.
5. Robert W. Smith, "The Development of Judo in America," in *A Com-*

plete Guide to Judo: Its Story and Practice, ed. Robert W. Smith (Rutland, VT: Charles E. Tuttle Co., 1959), 131.
6. Jigoro Kano, *Judo (Jujutsu)* (Tokyo: Maruzen Co. Ltd., 1937), 11.
7. Kano, *Kodokan Judo*, 16–17.
8. Charles Yerkow, *Modern Judo: The Complete Ju-Jutsu Library* (Harrisburg, PA: The Military Service Publishing Co., 1942), 44; original emphasis removed.

第 2 章 移动原则

1. Jimmy Pedro, telephone interview with author, 28 June 1999.
2. Network effects exist when the value of a product (such as the telephone) increases as the number of users grows.
3. Drew Fudenberg and Jean Tirole, "The Fat-Cat Effect, the Puppy-Dog Ploy and the Lean and Hungry Look," *American Economic Review* 74, no. 2 (1984): 361–366.
4. George Anders, "Pssst: Wanna See a Great Business Plan?" *Fast Company*, July 2000.
5. Paul Otellini, e-mail to author, 17 December 2000.
6. Mickey Meece, "Products Secret; Edge Is No Mystery," *American Banker*, 25 September 1996.
7. Of all the examples we describe, this one is probably closest in spirit to judo *economics*, as distinct from judo *strategy*.
8. Jeffrey Leib, "New Airline's Bumpy Takeoff," *Denver Post*, 20 November 1994.
9. Scott McCartney, "Upstart's Tactics Allow It to Fly in Friendly Skies of a Big Rival," *Wall Street Journal*, 23 June 1999.
10. Richard Williamson, "The Competitor: After Five Years in Frontier's Cockpit, Addoms Likes What He Sees on the Horizon," *Denver Rocky Mountain News*, 7 February 1999.
11. McCartney, "Upstart's Tactics Allow It To Fly in Friendly Skies Of a Big Rival."
12. Lucien Rhodes, "That Daring Young Man and His Flying Machines," Inc., January 1984.
13. Donald Burr, "Bitter Victories," interview by George Gendron, *Inc.*, August 1985.

14. Michael A. Cusumano and David B. Yoffie, *Competing on Internet Time: Lessons from Netscape and Its Battle with Microsoft* (New York: Free Press, 1998), 316.
15. Bob Metcalfe, "Without Case of Vapors, Netscape's Tools Will Give Blackbird Reason to Squawk," *InfoWorld*, 18 September 1995.
16. Adam M. Brandenburger and Barry J. Nalebuff, *Co-opetition* (New York: Doubleday, 1996), 69.
17. Eric Lundquist, "Netscape's Battle on the Corporate Terrain," *PC Week*, 2 June 1997.
18. Clayton M. Christensen analyzes this strategy from the incumbent's perspective in *The Innovator's Dilemma: When New Technologies Cause Great Firms to Fail* (Boston: Harvard Business School Press, 1997). Judo strategy flips it around to take the challenger's point of view. By capitalizing on what Christensen terms "disruptive technologies," a judo strategist can define the competitive space in ways that make it more difficult for the reigning champion to compete. In some cases, this approach may even provide leverage as well—if, for example, your opponent's customers feel threatened by the new technology.
19. Dan Moreau, "Hey, Cisco Systems: Your Stock Rose 10,000%. Now What?" *Kiplinger's Personal Finance Magazine*, November 1996.
20. Scott Moritz, "Juniper Snatching Router Share from Cisco," *TheStreet.com*, 22 November 2000, <http://www.thestreet.com/tech/networking/1184179.html> (accessed 16 December 2000); John Shinal, "The Upstart That's Eating Cisco's Lunch," *Business Week*, 11 September 2000.
21. Jason Krause, "Upstart Comes out of the Shadows," *The Industry Standard*, 17 April 2000.
22. Inktomi executive, e-mail to author, 20 October 2000.
23. Cusumano and Yoffie, *Competing on Internet Time*, 93.
24. Robert H. Reid, *Architects of the Web: 1,000 Days that Built the Future of Business* (New York: John Wiley & Sons, 1997), 38.
25. Original equipment manufacturers (OEMs) are computer manufacturers, such as Compaq and Dell, that distribute software by preloading it onto the machines they sell.
26. Cusumano and Yoffie, *Competing on Internet Time*, 102.

27. Ibid., 186.

第3章 平衡原则

1. Kenji Tomiki, *Judo* (Tokyo: Japan Travel Bureau, 1959), 28.
2. We are grateful to an anonymous reviewer for suggesting this example.
3. We are grateful to Barry Nalebuff for suggesting this example.
4. Adam M. Brandenburger and Barry J. Nalebuff, *Co-opetition* (New York: Doubleday, 1996).
5. Tim Albright and Bruce van Raalte, "Amazon.com," Salomon Smith Barney report, 17 August 2000.
6. Stephen P. Bradley and Kelley Porter, "eBay, Inc.," Case 9-700-007 (Boston: Harvard Business School, 1999).
7. Ibid.
8. Game strategists often take a more positive view of tit-for-tat strategies on the grounds that they can deliver benefits by promoting cooperation. The intuition behind this idea is simple: If you can credibly commit to "punish" the other player whenever he makes a hostile move, such as cutting prices, he is less likely to indulge in such behavior. The problem with this argument is that many judo strategists cannot credibly make commitments of this nature, precisely because they are relatively small and weak. As a result, in the language of game theory, tit-for-tat does not support a subgame-perfect equilibrium (even in a repeated game).
9. Bradley and Porter, "eBay, Inc."
10. Yahoo! ultimately reached the same conclusion, announcing in January 2001 that it planned to begin charging auction-listing fees.
11. Stewart Alsop, "Contemplating eBay's Funeral," *Fortune*, 7 June 1999.
12. Bradley and Porter, "eBay, Inc."
13. Mark J. Rowen and Susan P. Hawkins, "eBay, Inc.," Prudential Securities report, 26 January 2000; Eliot Walsh, "eBay: Crushing the Competition," <http://www.investorlinks.com/commentaries/sectorwatch/00-01/000124-iionline-indus.html> (accessed 21 January 2001).
14. Bruce Posner, "Targeting the Giant," *Inc.*, October 1993.
15. Wal-Mart continues to use this tactic today, as confirmed in an interview with an executive from H.E. Butt, one of Wal-Mart's biggest

competitors in the grocery market in Texas, 28 September 2000.

16. Transcript of Bill Gates's remarks at Microsoft's 7 December 1995 Internet strategy briefing.
17. Microsoft initially invested in a proprietary X.25 network to connect users to MSN. After deciding to embrace the Internet, Microsoft abandoned this network and converted to TCP/IP.
18. Luck also helped Schwab in this process. The head of eSchwab, Beth Sawi, had previously arranged for a two-year sabbatical, and the head of the call center was already planning to retire. As a result, the decision to integrate eSchwab did not entail any demotions or significant reassignments. Information from Dan Leemon, EVP and Chief Strategy Officer, Charles Schwab, telephone interview with author, 4 December 2000.
19. Jan W. Rivkin, "Dogfight over Europe: Ryanair (A)," Case 9-700-115 (Boston: Harvard Business School, 2000); Jan W. Rivkin, "Dogfight over Europe: Ryanair (B)," Case 9-700-116 (Boston: Harvard Business School, 2000).
20. Jan W. Rivkin, "Dogfight over Europe: Ryanair (C)," Case N9-700-117 (Boston Harvard Business School, 2000).

第4章 杠杆借力原则

1. Kenji Tomiki, *Judo* (Tokyo: Japan Travel Bureau, 1959), 28.
2. These quotes blend elements of two different translations: Jigoro Kano, *Judo (Jujutsu)* (Tokyo: Maruzen Co. Ltd., 1937), 17–19, and Jigoro Kano, *Kodokan Judo* (Tokyo: Kodansha International, 1986), 18.
3. Kano, *Judo (Jujutsu)*, 10.
4. Joan Magretta, "The Power of Virtual Integration: An Interview with Dell Computer's Michael Dell," *Harvard Business Review* 76, no. 2 (March–April 1998): 72–84.
5. Pankaj Ghemawat, *Commitment: The Dynamic of Strategy* (New York: Free Press, 1991).
6. We are grateful to Barry Nalebuff for suggesting this example.
7. "New IRA Accounts Surge at Schwab and Fidelity," *Wall Street Letter*, 13 April 1992.
8. David Pottruck, President and co-CEO, Charles Schwab, interview

with author, Boston, MA 19 May 2000.
9. Joseph Pereira, "For Video Games, Now It's a Battle of Bits," *Wall Street Journal*, 9 January 1990.
10. Ibid.; Anthony Ramirez, "The Strategy Behind Nintendo's Success," *Dallas Morning News*, 26 December 1989.
11. Nikhil Hutheesing, "Games Companies Play," *Forbes*, 25 October 1993.
12. John Burgess, "Sega's Sonic Boom," *Washington Post*, 19 December 1993.
13. Adam M. Brandenburger and Barry J. Nalebuff, *Co-opetition* (New York: Doubleday, 1996), 237–242.
14. Marc Silver and John Simon, "The Rating Game," *U.S. News & World Report*, 21 November 1994.
15. O. Casey Corr, "Nintendo Is Trying to Get Back in the Game," *Seattle Times*, 26 August 1994.
16. Kevin O'Toole, "The King of Low-Cost," *Airline Business*, June 1999.
17. Bertelsmann sold its stake in AOL Europe in 2000, following AOL's decision to merge with Bertelsmann competitor Time Warner.
18. Catherine Yang, Kerry Capell, Jack Ewing, and Marsha Johnston, "'I Claim This Land . . . Whoops!' AOL Is Meeting Stiff—and Free—Resistance As It Heads Abroad," *Business Week*, 14 June 1999.
19. Saul Hansell, "Christmas Is Coming! Time for Another Fight to the Death!" *New York Times*, 25 October 2000.
20. Jonathan Rabinovitz, "Building Stores Online: New 'E-Tailers' Learning It Takes More Than Web Site," *Sacramento Bee*, 9 December 1998.
21. Brandenburger and Nalebuff, *Co-opetition*, 11–16.
22. Nintendo press release, 30 October 1995; Laura Evenson, "Sega Gains on Nintendo," *San Francisco Chronicle*, 4 June 1993.
23. Steven V. Bull and Neil Gross, "Sony's New World," *Business Week*, 27 May 1996.
24. Benjamin Fulford, "Leisure Killer Sequel," *Forbes*, 5 April 1999.
25. The Delaware Chancery Court, quoted in Richard S. Tedlow, *New and Improved: The Story of Mass Marketing in America* (Boston: Harvard Business School Press, 1996), 75.
26. Ibid., 88–89.

27. Note that Pepsi would not have been able to leverage these assets if it had simply cut its price in half.
28. Michael Dell with Catherine Fredman, *Direct from Dell: Strategies That Revolutionized an Industry* (New York: Harper Business, 1999), 201–202; emphasis added.
29. Ibid., 80.
30. Jan W. Rivkin and Michael E. Porter, "Matching Dell," Case 9-799-158 (Boston: Harvard Business School, 1999).
31. Dell, *Direct From Dell*, 78.
32. Ibid., 77.
33. United States Department of Justice, Antitrust Division, e-mail from Paul Maritz, 20 June 1996, Government Exhibit 653 in *United States v. Microsoft*, <http://www.usdoj.gov/atr/cases/exhibits/653.pdf> (accessed 2 January 2001).
34. Michael A. Cusumano and David B. Yoffie, *Competing on Internet Time: Lessons from Netscape and Its Battle with Microsoft* (New York: Free Press, 1998), 127.
35. This section is based on David B. Yoffie, "The World VCR Industry," in *International Trade and Competition: Cases and Notes in Strategy and Management* (New York: McGraw Hill, 1990), 68–86.
36. "Fidelity Offers Competitors' Funds," *Wall Street Letter*, 17 July 1989.
37. Leslie Helm, "Fidelity Fights Back," *Business Week*, 17 April 1989.
38. Dean Calbreath, "Schwab, Fidelity Battle Over 'No Fee' Market," *San Francisco Business Times*, 30 July 1993.
39. Leslie Wayne, "The Next Giant in Mutual Funds?" *New York Times*, March 20, 1994; Steven T. Goldberg, "Hello Discount Broker, Goodbye Fund Paperwork," *Kiplinger's Personal Finance Magazine*, November 1994.
40. Goldberg, "Hello Discount Broker, Goodbye Fund Paperwork."
41. Leslie Wayne, "The Next Giant in Mutual Funds?" *New York Times*, 20 March 1994.

第 5 章 杰夫·霍金斯和唐娜·杜宾斯基

1. Date from Dataquest cited in Bradley Johnson, "The Marketing 100: U.S. Robotics Pilot: Ed Colligan," *Advertising Age*, 30 June 1997; and

Roger C. Lanctot, "Palm-to-Palm Combat Begins—Microsoft Takes on 3Com," *Computer Retail Week*, 19 January 1998; data from International Data Corp., cited in Deborah Claymon, "Knocking Off PDA Leader," *Sacramento Bee*, 26 May 1999.

2. Anita McGahan, Leslie Vasdasz, and David B. Yoffie, "Creating Value and Setting Standards: The Lessons of Consumer Electronics for Personal Digital Assistants," in *Competing in the Age of Digital Convergence*, ed. David B. Yoffie (Boston: Harvard Business School Press, 1996), 232.
3. Charles McCoy, "Gadfly or Guru? Andy Seybold—Newsletter Writer, Consultant, Evangelist—Is Helping to Shape the Wireless Industry; Who Is This Guy, Anyway?" *Wall Street Journal*, 11 February 1994.
4. Rob Haitani, "The Zen of Palm," PowerPoint presentation, undated.
5. David Einstein, "Shirt-Pocket Computing Revival," *San Francisco Chronicle*, 17 June 1997.
6. Dubinsky and Hawkins maintain that Palm was actually more profitable than the numbers from Palm's S-1 suggested, arguing that 3Com's corporate allocations and tax allocations depressed Palm's net income in the early years.
7. By 2000, Palm would claim 100,000 developers were writing applications that ran on the Palm operating system.
8. Lanctot, "Palm-to-Palm Combat: Microsoft Takes on 3Com."
9. After Palm sued Microsoft for trademark violation in Europe, Microsoft agreed to stop using the Palm PC name.
10. Claymon, "Knocking Off PDA Leader."
11. Stephanie Miles, "Handspring Beats Palm During First Week in Stores," *CNET News.com*, 1 May 2000, <http://news.cnet.com/news/0-1006-200-1795508.html> (accessed 17 January 2001).

第6章 罗布·格拉泽

1. Robert H. Reid, *Architects of the Web: 1,000 Days That Built the Future of Business* (New York: John Wiley & Sons, 1997), 76.
2. For the sake of simplicity, we refer to the company as RealNetworks or Real throughout this chapter.
3. Lee Gomes, "Sound Off on the World Wide Web," *Newsday*, 1 Octo-

ber 1995.

4. In 1998, Netscape began to bundle RealPlayer with free downloads of Navigator.
5. While Microsoft had made significant investments in developing streaming media technology by this time, the company's focus was on broadband networks, making projects such as the "Tiger" streaming media server ill-suited to the low-bandwidth conditions of the Internet.
6. Robert Hertzberg, "RealVideo Streams In, and So Do the Doubts," *Internet World*, 17 February 1997.
7. Brett Atwood, "RealVideo Rounds Up Majors' Support," *Billboard*, 22 February 1997.
8. United States Department of Justice, Antitrust Division, "Agenda: Opportunities, Threats, Product 'Holes' Today, 5 Options, Recommendations," Government Exhibit 946 in *United States v. Microsoft*, <http://www.usdoj.gov/atr/cases/exhibits/946.pdf> (accessed 21 January 2001).
9. In conjunction with its initial investment, Microsoft also received warrants for an additional 10 percent of the company.
10. E-mail message to author from a former RealNetworks product manager, 17 November 2000.
11. "Our evidence indicates that the Windows Media Player tries not to disable any RealPlayer client later than 4.x—and that, were RealNetworks simply to make minor changes to the RealSystem G2 installation process, the problem would largely go away. On the other hand . . . [i]f you are running the RealAudio Player 3.0 or earlier, or RealPlayer 4.0.x (including the "Plus" versions that are registered for a fee), installing Media Player will take over the playback of any Real content—without bothering to ask if this is acceptable." "RealNetworks vs. Microsoft," *PC Magazine Online*, 27 July 1998, <http://www.zdnet.com/pcmag/pclabs/inside/in980727a.htm> (accessed 1 December 2000).
12. Walter S. Mossberg, "The Best 'Jukebox' for Playing MP3 Tunes May Surprise You," *Wall Street Journal*, 19 August 1999.

第 7 章 哈尔西·米纳和谢尔比·邦尼

1. Andrew Serwer, "CNET: Revenge of the Preppies," *Fortune*, 21 June 1999.
2. Initially named CNET, the company was renamed CNET Networks after its acquisition of MySimon in early 2000.
3. Linda Himelstein, "Halsey Minor's Major Plans," *Business Week*, 26 July 1999.
4. Serwer, "CNET: Revenge of the Preppies."
5. Ibid.
6. The company later dropped the slash in C|NET from everything but its logo.
7. "C|NET Business Plan," mimeo, November 1993.
8. Richard Rapaport, "C|NET's Paper Chase," *Forbes ASAP*, 3 June 1996.
9. Keith J. Kelly, "Internet Ignites New Magazines," *Business Marketing*, 1 May 1996.
10. Laurence Zuckerman, "Is Time Right for Purchase of Ziff-Davis?" *New York Times*, 2 October 1995.
11. Jeanne Dugan, "I Live, Breathe, Sleep Computers," *Business Week*, 1 December 1997.
12. Paul C. Judge, "And in This Corner, Pat McGovern," *Business Week*, 12 August 1996.
13. Harley Jebens, "Let TV Be Your Guide," *Austin American-Statesman*, 12 October 1995.
14. On the down side, like many other Internet companies, CNET later had to take a substantial write-off after deciding not to use some of the domain names it had bought.
15. Rapaport, "C|NET's Paper Chase."
16. Mark Evans, "Web Sites Have Content, Need Investors," *Financial Post*, 25 July 1996.
17. In addition to the public offering of 2 million shares at $16 per share, CNET sold 600,000 shares to Intel at the same time. CNET's share subsequently split twice, two-for-one each time, in 1999.
18. Walter S. Mossberg, "The Web Produces a Home-Grown Source for Breaking News," *Wall Street Journal*, 26 December 1996.

19. Serwer, "CNET: Revenge of the Preppies."
20. Eleanor Laise, "One Good Internet Stock, *SmartMoney*, January 2001.
21. CNET press release, 26 February 1998.
22. Shelby Bonnie, who came out of the investment world, had little patience for this type of argument. "The real issue is whether or not your editorial is biased," he maintained, addressing the related question of whether or not ads should be placed next to product reviews. "It has nothing to do with placement. Yet a lot of magazines would bring issues like that to bear, which made it hard for them to accept new ways of thinking."
23. Saul Hansell, "Validation: Even if Halsey Minor's NBC Deal Doesn't Insure Success, It Does Give Big-Media Cachet to His New-Media Strategy," *New York Times*, 15 June 1998.
24. Saul Hansell, "NBC Buying a Portal to the Internet," *New York Times*, 10 June 1998.
25. CNET recovered its investment in Snap! in early February 2000, when it sold less than 10 percent of its stock in NBCi for more than $50 million. However, it had to take a write-off of roughly $380 million in the fourth quarter of 2000 when NBCi's value collapsed with that of other Internet stocks.
26. The companies involved were Vignette, Mediadome, and BuyDirect.com. In at least two of these cases, CNET reaped a substantial return on its investment, including a gain of nearly $180 million on its stake in Vignette.
27. CNET did, however, enter into a joint venture to launch CNET Radio, an all-technology format, in January 2000.
28. Thomas Eisenmann and Pauline Fischer, "CNET 2000," Case 9-800-302 (Boston: Harvard Business School, 2000).
29. Ibid.
30. CNET reported a profit on its operations in 1998. However, in 1999, marketing expenses drove an operating loss of $61 million. By 2000, the company was profitable once again, excluding taxes, investment gains, and amortization of goodwill.
31. Along with ZDNet, CNET also acquired the *Computer Shopper* magazine and Web site and Smart Planet, an online educational service.

32. ZDNet retained access to the magazines' content through a licensing agreement. Initially, the agreement was for five years, but CNET later renegotiated the terms and shortened the license to two years.

第 8 章 如何战胜柔道大师

1. David Shapiro, *Sumo: A Pocket Guide* (Rutland, VT and Tokyo: Charles E. Tuttle Co., 1995), 26; Clyde Newton, *Dynamic Sumo* (Tokyo: Kodansha International, 1994), 77.
2. Mark Schilling, *Sumo: A Fan's Guide* (Tokyo: The Japan Times, 1994), 72.
3. We are grateful to Barry Nalebuff for making this point.
4. Michael Porter, *Competitive Strategy* (New York: Free Press, 1981), 78–79.
5. Drew Fudenberg and Jean Tirole, "The Fat-Cat Effect, the Puppy-Dog Ploy, and the Lean and Hungry Look," *American Economic Review* 74, no. 2 (1984), 361–66.
6. Pankaj Ghemawat, "Capacity Expansion in the Titanium Dioxide Industry," *Journal of Industrial Economics* 33, no. 2 (1984), 156.
7. Eric S. Raymond, *The New Hacker's Dictionary*, 3rd ed. (Cambridge, MA: MIT Press, 1996), 208.
8. For an interesting discussion of FUD, see Eric Lee Green, "FUD 101," 15 November 1999, <http://www.badtux.org/eric/editorial/fud101-1.0.0.html> (accessed 19 November 2000).
9. IBM's Business Conduct Guidelines, quoted in Richard Thomas DeLamarter, *Big Blue: IBM's Use and Abuse of Power* (New York: Dodd, Mead & Co., 1986), 219.
10. Robert Sobel, *IBM: Colossus in Transition* (New York: Bantam Books, 1981), 315; DeLamarter, *Big Blue*, 355–356.
11. Green, "FUD 101."
12. United States Department of Justice, Antitrust Division, e-mail from "Navisoft" at AOL, 21 January 1996, Government Exhibit 38 in *United States v. Microsoft*, <http://www.usdoj.gov/atr/cases/exhibits/38.pdf> (accessed 19 November 2000).
13. Constance L. Hays, "How Coke Pushed Rivals off the Shelf," *New York Times*, 6 August 2000.

14. Cynthia A. Montgomery and Elizabeth J. Gordon, "Newell Company: Corporate Strategy," Case 9-799-139 (Boston: Harvard Business School, 1999).
15. In both cases, subscribers continued to pay toll charges to their telephone company for the time spent online.
16. Michael A. Cusumano and David B. Yoffie, *Competing on Internet Time: Lessons from Netscape and Its Battle with Microsoft* (New York: Free Press, 1998).
17. United States Department of Justice, Antitrust Division, "The Internet Tidal Wave," Government Exhibit 20 in *United States v. Microsoft*, <http://www.usdoj.gov/atr/cases/exhibits/20.pdf> (accessed 19 November 2000).
18. Ben Slivka, e-mail to author, 17 August 2000.
19. United States Department of Justice, Antitrust Division, e-mail from Dan Rosen, 14 June 1995, Government Exhibit 530 in *United States v. Microsoft*, <http://www.usdoj.gov/atr/cases/exhibits/530.pdf> (accessed 19 November 2000).
20. Ibid.
21. United States Department of Justice, Antitrust Division, e-mail from Bill Gates, 31 May 1995, Government Exhibit 22 in *United States v. Microsoft*, <http://www.usdoj.gov/atr/cases/exhibits/22.pdf> (accessed 19 November 2000).
22. United States Department of Justice, Antitrust Division, e-mail from Bill Gates, 24 June 1995, Government Exhibit 537 in *United States v. Microsoft*, <http://www.usdoj.gov/atr/cases/exhibits/537.pdf> (accessed 22 January 2001).
23. Steve Ballmer, CEO, Microsoft, telephone interview with author, 23 March 1998.
24. Cumumano and Yoffie, *Competing on Internet Time*, 111.
25. United States Department of Justice, Antitrust Division, "How To Get To 30% Share in 12 Months," Government Exhibit 334 in *United States v. Microsoft*, <http://www.usdoj.gov/atr/cases/exhibits/334.pdf> (accessed 19 November 2000).
26. United States Department of Justice, Antitrust Division, quoted from

Microsoft's Answers to Interrogatories, Civil Investigative Demand No. 18140, Interrogatory 4, in Direct Testimony of Franklin M. Fisher, Witness for the Department of Justice, 54, in *United States v. Microsoft*, <http://www.usdoj.gov/atr/cases/f2000/2057.htm> (accessed 20 January 2001).

27. United States Department of Justice, Antitrust Division, "Internet Browsers," Government Exhibit 503 in *United States v. Microsoft*, <http://www.usdoj.gov/atr/cases/exhibits/503.pdf> (accessed 21 November 2000).
28. United States Department of Justice, Antitrust Division, e-mail from "Navisoft."
29. United States Department of Justice, Antitrust Division, direct testimony of David Colburn, Senior Vice President for Business Affairs, America Online, in *United States v. Microsoft*, <http://www.usdoj.gov/atr/cases/f2000/2045.pdf> (accessed 21 November 2000).
30. United States Department of Justice, Antitrust Division, e-mail from Mark Tyler, Channel Sales Manager, Asia Pacific, Netscape, 19 June 1996, Government Exhibit 78 in *United States v. Microsoft*, <http://www.usdoj.gov/atr/cases/exhibits/78.pdf> (accessed 21 November 2000).
31. United States Department of Justice, Antitrust Division, e-mail from Benjamin Myers, Communications Director, Pyramid Breweries, 21 June 1996, Government Exhibit 79 in *United States v. Microsoft*, <http://www.usdoj.gov/atr/cases/exhibits/79.pdf> (accessed 21 November 2000).
32. United States Department of Justice, Antitrust Division, letter from Peter Miller to David Cabello regarding "Notice of Intent to Terminate License Agreement #1107-3053," 1 October 1992, Government Exhibit 647 in *United States v. Microsoft*, <http://www.usdoj.gov/atr/cases/exhibits/647.pdf> (accessed 21 November 2000).
33. United States Department of Justice, Antitrust Division, Brad Chase, memo to FY98 WWSMM Attendees, 4 April 1997, Government Exhibit 510 in *United States v. Microsoft*, <http://www.usdoj.gov/atr/cases/exhibits/510.pdf> (accessed 21 November 2000).
34. United States Department of Justice, Antitrust Division, e-mail from

Jim Allchin, 2 January 1997, Government Exhibit 48 in *United States v. Microsoft*, <http://www.usdoj.gov/atr/cases/exhibits/48.pdf> (accessed 21 January 2001).

35. United States Department of Justice, Antitrust Division, e-mail from Bill Gates, 1 July 1997, Government Exhibit 579 in *United States v. Microsoft*, <http://www.usdoj.gov/atr/cases/exhibits/579.pdf> (accessed 21 January 2001).
36. "Microsoft Browser Share at an All-Time High," 26 June 2000, Statmarket.com, <http://statmarket.com/SM?c=stat062600> (accessed 21 November 2000).
37. Scott Thurm, "Safe Conduct: Microsoft's Behavior Is Helping Cisco Learn How to Avoid Trouble—Lesson No. 1: Seek to Charm Antitrust Regulators, Don't Try to Bully Them—There Isn't 'a Secret Sauce,'" *Wall Street Journal*, 1 June 2000.
38. Ibid.
39. Tom Dunlap, General Counsel, Intel, telephone interview with author, 11 August 2000.
40. This is a particularly complicated issue for Intel and many other technology companies. While patent laws protect monopolies, antitrust laws are designed to prevent companies from exploiting their monopoly power in ways that injure competition. "If you have an intellectual property right, you are allowed to use that right," Dunlap explained, "but you can't tie your patents or trade secrets to another product."

第 9 章　柔道战略应用指南

1. Trevor Leggett, *The Dragon Mask and Other Judo Stories in the Zen Tradition* (London: Ippon Books, no date), 50.